# 人力资源管理体系与绩效管理研究

张文明　李文婧　刘守勇　著

哈尔滨出版社
HARBIN PUBLISHING HOUSE

图书在版编目（CIP）数据

人力资源管理体系与绩效管理研究 / 张文明，李文婧，刘守勇著. — 哈尔滨：哈尔滨出版社，2023.3
ISBN 978-7-5484-7105-9

Ⅰ．①人… Ⅱ．①张… ②李… ③刘… Ⅲ．①人力资源管理－研究②企业绩效－企业管理－研究 Ⅳ．① F243 ② F275

中国国家版本馆 CIP 数据核字（2023）第 049454 号

| 书　　名： | 人力资源管理体系与绩效管理研究 |
|---|---|
| | RENLI ZIYUAN GUANLI TIXI YU JIXIAO GUANLI YANJIU |
| 作　　者： | 张文明　李文婧　刘守勇　著 |
| 责任编辑： | 张艳鑫 |
| 封面设计： | 张　华 |
| 出版发行： | 哈尔滨出版社（Harbin Publishing House） |
| 社　　址： | 哈尔滨市香坊区泰山路 82-9 号　邮编：150090 |
| 经　　销： | 全国新华书店 |
| 印　　刷： | 廊坊市广阳区九洲印刷厂 |
| 网　　址： | www.hrbcbs.com |
| E - mail： | hrbcbs@yeah.net |
| 编辑版权热线： | （0451）87900271　87900272 |
| 开　　本： | 787mm×1092mm　1/16　印张：12　字数：250 千字 |
| 版　　次： | 2023 年 3 月第 1 版 |
| 印　　次： | 2023 年 3 月第 1 次印刷 |
| 书　　号： | ISBN 978-7-5484-7105-9 |
| 定　　价： | 76.00 元 |

凡购本社图书发现印装错误，请与本社印制部联系调换。

服务热线：（0451）87900279

# 前　言

近年来，我国社会经济不断发展，在新的时代背景之下，传统的企业人力资源绩效管理已经难以满足时代的发展需求，企业人力资源绩效管理改革亟待开展。企业绩效管理是管理者为实现某个发展目标而进行的包括人才发掘、员工工作积极性调动等在内的一系列管理措施。近年来，企业逐渐将绩效管理考核结果与员工的岗位调整、学习培训、薪资待遇等结合，激励机制在调动员工全面发展方面的作用得以发挥，绩效管理不再是传统意义上的、简单的利益分配，而是成为基于利益分配，继而实现员工和企业共同发展的动态调整机制。

作为推进组织战略实施的有效推动工具，绩效管理可以给企业提供简单的考核以及奖惩依据。同时，利用考核，企业可以实现企业组织战略目标。人力资源管理中，绩效管理的占比不断增加。企业管理人员一定要树立科学的绩效管理理念，落实绩效考核工作，优化目标体系，建立具体的考核指标体系，全面反馈绩效管理考核的结果，从而推动企业良好有序地发展。

当前，企业对人力资源绩效管理工作一定要加强重视力度，通过构建完善的绩效管理体系，开展人力资源管理工作，以保证企业能够拥有更稳固的根基，促使企业在完善的企业人力资源绩效管理体系的辅助下朝积极的方向发展。

本书是一本关于人力资源的专著，主要讲述的是，人力资源管理体系以及绩效管理。本书首先讲述的是，人力资源管理以及人力资源规划；接着，对员工招聘以及培训管理展开讲述；最后，对绩效展开讲述。通过本书的讲解，笔者希望能够给读者提供一定的借鉴意义。

# 目录

## 第一章　人力资源管理概述 ································ 1
### 第一节　人力资源 ···································· 1
### 第二节　人力资源管理 ································ 8
### 第三节　人力资源管理的产生与发展 ···················· 12

## 第二章　人力资源规划 ·································· 16
### 第一节　人力资源规划概述 ···························· 16
### 第二节　人力资源的供需预测 ·························· 25
### 第三节　人力资源规划的执行与控制 ···················· 34

## 第三章　员工招聘 ······································ 41
### 第一节　员工招聘概述 ································ 41
### 第二节　员工招募 ···································· 45
### 第三节　人员选拔 ···································· 51

## 第四章　员工培训 ······································ 61
### 第一节　培训概述 ···································· 61
### 第二节　组织机构培训系统 ···························· 64
### 第三节　培训的方法 ·································· 69

## 第五章　员工关系管理 ·································· 94
### 第一节　员工关系管理概述 ···························· 94
### 第二节　员工关系的全过程管理 ························ 100
### 第三节　劳动关系和劳动合同管理 ······················ 109

· 1 ·

第四节　员工关系的风险规避……………………………………………112

第六章　组织职业生涯管理………………………………………………………115
　　第一节　组织职业生涯管理系统概述……………………………………115
　　第二节　组织职业生涯管理的内容、方法与步骤………………………123
　　第三节　职业生涯发展通道管理…………………………………………131
　　第四节　分阶段的职业生涯发展管理措施………………………………139

第七章　绩效管理概述……………………………………………………………144
　　第一节　绩效概述…………………………………………………………144
　　第二节　绩效管理概述……………………………………………………147
　　第三节　绩效管理系统模型………………………………………………150

第八章　绩效计划…………………………………………………………………154
　　第一节　绩效计划概述……………………………………………………154
　　第二节　绩效计划的内容…………………………………………………158
　　第三节　制订绩效计划……………………………………………………177

结　语………………………………………………………………………………181

参考文献……………………………………………………………………………182

# 第一章　人力资源管理概述

## 第一节　人力资源

### 一、人力资源的含义

1. 资源

按照逻辑从属关系，人力资源属于资源（resource）这一大的范畴，是资源的一种具体形式。因此，在解释人力资源的含义之前，有必要先对资源进行简要的说明。

《辞海》把资源解释为"生产资料或生活资料等的来源"。资源是人类赖以生存的物质基础，从不同的角度有着不同的解释。从经济学的角度看，资源是指能给人们带来新的使用价值的客观存在物，泛指社会财富的源泉。自人类出现以来，财富的来源无外乎两类：一类是来自自然界的物质，可以称之为自然资源，如森林、矿藏、河流、草地等；另一类是来自人类自身的知识和体力，我们可以称之为人力资源。在相当长的时期里，自然资源一直是财富形成的主要来源，但随着科学技术的突飞猛进，人力资源对财富形成的贡献越来越大，并逐渐占据了主导地位。

从财富创造的角度看，资源是指为了创造物质财富而投入生产过程的一切要素。法国经济学家萨伊认为，土地、劳动、资本是构成资源的三要素。马克思认为，生产要素包括劳动对象、劳动资料和劳动者，而劳动对象和劳动资料又构成了生产资料。因此，"不论生产的社会形式如何，劳动者和生产资料始终是生产的要素"。著名经济学家熊彼特认为，除了土地、劳动、资本这三种要素之外，还应该加上企业家精神。随着社会的发展，信息技术的应用越来越广泛，其作用也越来越大，越来越多的经济学家认为生产要素中还应该再加上信息。目前，伴随着知识经济的兴起，知识在价值创造中的作用日益凸显，因此也有人认为应当把知识作为一种生产要素单独加以看待。

2. 人力资源

"人力资源"的概念最早出现于彼得·德鲁克1954年出版的《管理的实践》一书中。

彼得·德鲁克认为，人力资源拥有当前其他资源所没有的素质，即"协调能力、融合能力、判断力和想象力"。经理们可以利用其他资源，但人力资源只能自我利用——"人对自己是否工作绝对拥有完全的自主权"。彼得·德鲁克关于"人力资源"概念的提出，人事管理理论和实践的发展以及后工业时代中员工管理的不适应，使人事管理开始向人力资源管理转变。这种转变正如彼得·德鲁克在其著作中所说的："传统的人事管理正在成为过去，一场新的以人力资源管理开发为主调的人事革命正在到来。"

美国经济学家西·奥多·舒尔茨和加里·贝克尔提出了现代人力资本理论。这一理论认为，人力资本是体现在具有劳动能力（现实或潜在）的人身上的、以劳动者的数量和质量（即知识、技能、经验、体质与健康）表示的资本，它是通过投资而形成的。人力资本理论的提出，使人力资源的概念更加广泛地深入人心。英国经济学家哈比森在《作为国民财富的人力资源》中写道："人力资源是国民财富的最终基础。资本和自然资源是被动的生产要素。人是积累资本，开发自然资源，建立社会、经济和政治并推动国家向前发展的主动力量。显而易见，一个国家如果不能发展人们的知识和技能，就不能发展任何新的东西。"从此，对人力资源的研究越来越多。到目前为止，对人力资源的含义，学者给出了多种不同的解释。根据研究的角度，我们可以将这些定义分为两大类：

第一类主要是从能力的角度来解释人力资源的含义，可以称为人力资源的"能力观"，持有这种观点的人占了较大的比例。

第二类主要是从人的角度来解释人力资源的含义，可以称为人力资源的"人员观"。代表性的观点有以下几种。

（1）人力资源是指一定社会区域内所有具有劳动能力的适龄劳动人口和超过劳动年龄的人口的总和。

（2）人力资源是企业内部成员及外部的顾客等人员，即可以为企业提供直接或潜在服务及有利于企业实现预期经营效益的人员的总和。

（3）人力资源是指能够推动社会和经济发展的具有智力和体力劳动能力的人员的总称。

综合国内外专家学者的研究，我们认为，人力资源是指那些体能、技能、智能健全，能够以各种有益于社会的脑力劳动和体力劳动创造财富，从而推动经济社会发展的人的总和。

## 二、人力资源的数量和质量

作为一种资源，人力资源同样也具有量的规定性和质的规定性。由于人力资源依附于人的劳动能力，和劳动者密不可分，因此可以用劳动者的数量和质量来反映人力资源的数量和质量。

## （一）人力资源的数量

1. 人力资源数量的计量

对企业而言，人力资源的数量一般来说就是其员工的数量。对国家或地区而言，人力资源的数量可以从现实人力资源的数量和潜在人力资源的数量两个方面来计量。潜在人力资源的数量，可依据一个国家或地区具有劳动能力的人口数量加以计量。为此，各国和各地区都根据其国情对人口进行劳动年龄的划分。我国现行的劳动年龄规定是：男性16~60岁，女性16~55岁。在劳动年龄上下限之间的人口称为"劳动适龄人口"。小于劳动年龄下限的称为"未成年人口"，大于劳动年龄上限的称为"老年人口"，一般认为这两类人口不具有劳动能力。

但是，在现实中，劳动适龄人口内部存在一些丧失劳动能力的病残人口。此外，还存在一些因为各种原因暂时不能参加社会劳动的人口，如在校就读的学生。在劳动适龄人口之外，也存在一些具有劳动能力，正在从事社会劳动的人口，如我们经常看到的退休返聘人员。在计量人力资源时，对上述两种情况都应当加以考虑，这也是划分现实人力资源与潜在人力资源的一种依据。

按照上述思路，可以对我国的人口构成进行以下的划分。

（1）处于劳动能力之内、正在从事社会劳动的人口，它占据人力资源的大部分，可称为"适龄就业人口"。

（2）尚未达到劳动年龄、已经从事社会劳动的人口，即"未成年就业人口"。

（3）已经超过劳动年龄、继续从事社会劳动的人口，即"老年劳动者"或"老年就业人口"，以上三部分构成就业人口的总体，以往被称为劳动力人口。

（4）处于劳动年龄之内，具有劳动能力并要求参加社会劳动的人口，这部分可以称为"待业人口"，它与前三部分一起构成经济活动人口，即现实人力资源。

（5）处于劳动年龄之内、正在从事学习的人口，即"求学人口"。

（6）处于劳动年龄之内、正在从事家务劳动的人口。

（7）处于劳动年龄之内、正在军队服役的人口。

（8）处于劳动年龄之内的其他人口。

2. 影响人力资源数量的因素

由上面的分析，我们可以看出，人力资源的数量受到很多因素的影响，概括起来主要有以下几个方面。

（1）人口的总量。人力资源属于人口的一部分，因此人口的总量会影响到人力资源的数量。人口的总量由人口基数和自然增长率两个因素决定，自然增长率又取决于出生率和死亡率，用公式表示如下：

$$人口总量 = 人口基数 \times [1+(出生率-死亡率)]$$

（2）人口的年龄结构。人口的年龄结构也会对人力资源的数量产生影响，相同的人口总量下，不同的年龄结构会使人力资源的数量有所不同。劳动适龄人口在人口总量中所占的比重比较大时，人力资源的数量相对会比较多；相反，人力资源的数量相对会比较少。

### （二）人力资源的质量

人力资源是人所具有的智力和体力的总和，因此劳动者的素质直接决定人力资源的质量。人力资源质量的最直观的表现可以用人力资源或劳动要素的体质水平、文化水平、专业技术水平以及心理素质水平、道德情操水平等来表示。此外，也可以用每百万人口中接受高等教育的人数、小学教育普及率、中学教育普及率、专业人员占全体劳动者比重等经济社会统计常用指标来表示。

劳动者的素质由体能素质和智能素质构成。就劳动者的体能素质而言，又有先天的体质和后天的体质之分；智能素质包括经验知识和科技知识两个方面，而科技知识又可分为通用知识和专业知识两个部分。此外，劳动者的积极性和心理素质是劳动者发挥其体力和脑力的重要条件。

与人力资源的数量相比，其质量更重要。人力资源的数量能反映出可以推动物质资源的人的规模，人力资源的质量则反映可以推动哪种类型、哪种复杂程度和多大数量的物质资源。一般来说，复杂的劳动只能由高质量的人力资源来从事，简单劳动则可以由低质量的人力资源从事。经济越发展，技术越现代化，对人力资源的质量要求就越高。现代化的生产体系要求人力资源具有极高的质量水平。

## 三、人力资源与相关概念

1. 人力资源和人口资源、人才资源

人口资源是指一个国家或地区所拥有的人口总量。它是一个最基本的资源，一切人力资源、人才资源皆产生于这个最基本的资源中，主要表现为人口的数量。

人才资源是指一个国家或地区中具有较多科学知识、较强劳动技能，在价值创造过程中起关键或重要作用的那部分人。人才资源是人力资源的一部分，即优质的人力资源。

应当说，人力资源、人口资源和人才资源这三个概念的本质有所不同，人口资源和人才资源的本质是人，而人力资源的本质则是智力和体力。从本质上讲，它们之间并没有什么可比性。就人口资源和人才资源来说，它们所关注的重点也不同，人口资源更多的是一种数量概念，而人才资源更多的是一种质量概念。

在数量上，人口资源是最多的，它是人力资源形成的数量基础，人口资源中具备一定智力资本和体能的那部分才是人力资源；而人才资源又是人力资源的一部分，是人力资源中质量较高的那部分，是具有特殊智力资本和体能的人力资源，也是数量最少的。在比例上，人才资源是最小的，它是从人力资源中产生的；而人力资源又是从人口资源中产生的。

2. 人力资源和人力资本

"人力资源"和"人力资本"也是容易混淆的两个概念，很多人甚至将它们通用。其实，这两个概念是有一定区别的。

（1）资本和人力资本

"资本"一词，语义上有三种解释：一是指掌握在资本家手里的生产资料和用来雇佣工人的货币；二是指经营工商业的本钱；三是指谋取利益的凭借物。马克思则认为，资本是指那些能够带来剩余价值的价值。

对人力资本（human capital）的含义，被称为"人力资本之父"的西奥多·舒尔茨认为，人力资本是劳动者身上所具备的两种能力，一种能力是通过先天遗传获得的，是由个人与生俱来的基因决定的；另一种能力是通过后天获得的，由个人经过努力学习而形成，而读写能力是任何民族人口的人力资本质量的关键成分。人力资本这种体现在具有劳动能力（现实或潜在）的人身上的、以劳动者数量和质量（即知识、技能、经验、体质与健康）表示的资本，是需要通过投资才能够获得的。

（2）人力资源和人力资本的关系

人力资源和人力资本是既有联系又有区别的两个概念。

应该说，人力资源和人力资本都是以人为基础而产生的概念，研究的对象都是人所具有的脑力和体力，从这一点来看两者是一致的。再者，现代人力资源理论大都是以人力资本理论为根据的，人力资本理论是人力资源理论的重点内容和基础部分，人力资源经济活动及其收益的核算是基于人力资本理论进行的，两者都是在研究人力作为生产要素在经济增长和经济发展中的重要作用时产生的。

虽然这两个概念有着紧密的联系，但它们之间还是存在着一定的区别。

首先，在与社会财富和社会价值的关系上，两者是不同的。人力资本是由投资形成的，强调以某种代价获得的能力或技能的价值，投资的代价可在提高生产力过程中以更大的收益收回。因此，劳动者将自己拥有的脑力和体力投入生产过程中参与价值创造，就要据此来获取相应的劳动报酬和经济利益，它与社会价值的关系应当说是一种由因溯果的关系。而人力资源则不同，作为一种资源，劳动者拥有的脑力和体力对价值的创造起了重要的贡献作用。人力资源强调人力作为生产要素在生产过程中的生产、创造能力，它在生产过程中不但可以创造产品、创造财富，还能促进经济发展。

它与社会价值的关系应当说是一种由果溯因的关系。

其次，两者研究问题的角度和关注的重点也不同。人力资本是通过投资形成的存在于人体中的资本形式，是形成人的脑力和体力的物质资本在人身上的价值凝结，从成本收益的角度来研究人在经济增长中的作用。它强调投资付出的代价及其收回，考虑投资成本带来多少价值，研究的是价值增值的速度和幅度，关注的重点是收益问题，即投资能否带来收益以及带来多少收益的问题。人力资源则不同，它将人作为财富的来源来看待，是从投入产出的角度来研究人对经济发展的作用，关注的重点是产出问题，即人力资源对经济发展的贡献有多大，对经济发展的推动力有多强。

最后，人力资源和人力资本的计量形式不同。众所周知，资源是存量的概念，而资本则兼有存量和流量的概念，人力资源和人力资本也同样如此。人力资源是指一定时间、一定空间内人所具有的对价值创造起贡献作用并且能够被组织所利用的体力和脑力的总和。而人力资本，如果从生产活动的角度看，往往是与流量核算相联系的，表现为经验的不断积累、技能的不断增进、产出量的不断变化和体能的不断损耗；如果从投资活动的角度来看，又与存量核算相联系，表现为投入教育培训、迁移和健康等方面的资本在人身上的凝结。

## 四、人力资源的特点

### 1. 主观能动性

主观能动性是指人力资源体力和智力的融合不仅具有主动性，而且还具有可不断拓展的潜力。主观能动性表明人具有意识，知道活动的目的，因此可以有效地对自身活动做出选择，另外也表明人在各种活动中处于主体地位，可以支配其他一切资源。此外，人力资源的主观能动性还表明它具有自我开发性。在生产过程中，人一方面要发生自身损耗，另一方面则通过自身的合理行为，使自身的损耗得到弥补、更新和发展；其他资源则没有这种特性。最后，人力资源在各种活动中是可以被激励的，也就是说，可通过提高人的劳动能力和劳动动机来提高劳动效率。

### 2. 时效性

人力资源的时效性是指人力资源要在一定的时间段内开发，超过这一时期，可能就会荒废和退化。人具有生产劳动的能力，但随着年龄的增长和环境的变化，这种能力会随之发生变化。人在每个年龄段的工作能力都会有所差异，不及时使用和开发就会失去其固有的作用和能力。人的生命是有限的，劳动技能会发生衰退，智力、知识和思维也会发生转变。

### 3. 增值性

与自然资源相比，人力资源具有明显的增值性。一般来说，自然资源是不会增值的，只会因为不断地消耗而逐渐"贬值"。人力资源则不同，人力资源是人所具有的脑力和体力，对单个人来说，它的体力不会因为使用而消失，只会因为使用而不断增强，当然，这种增强是有一个限度的；它的知识、经验和技能也不会因为使用而消失，相反会因为不断地使用而更有价值。也就是说，在一定的范围内，人力资源是不断增值的，创造的价值会越来越多。

4. 两重性

人力资源既是投资的结果，又能创造财富，具有既是生产者又是消费者的两重性。人力资源投资的程度决定了人力资源的质量。研究表明，对人力资源的投资，无论是对社会，还是对个人所带来的收益，都要远远大于对其他资源的投资所产生的收益。

5. 社会性

自然资源具有完全的自然属性，不会因为所处的时代、社会不同而有所变化。比如，古代的黄金和现代的黄金是一样的，中国的黄金和南非的黄金也没有本质区别。人力资源则不同，人所具有的体力和脑力明显受到时代和社会因素的影响，从而具有社会属性。

## 五、人力资源的作用

1. 人力资源是财富形成的关键要素

人力资源构成社会经济运动的基本前提。从宏观的角度看，人力资源不仅在经济管理中必不可少，而且是组合、运用其他各种资源的主体。也就是说，人力资源是能够推动和促进各种资源实现配置的特殊资源。因此，人力资源是最重要和最宝贵的资源。它不仅与自然资源一起构成财富的源泉，而且在财富的形成过程中发挥着关键作用。

社会财富由对人类的物质生活和文化生活具有使用价值的产品构成，因此自然资源不能够直接形成财富，还必须有一个转化的过程，而人力资源在这个转化过程中起到重要的作用。人们将自己的脑力和体力通过各种方式转移到自然资源上，改变了自然资源的状态，使自然资源转变为各种形式的社会财富。在这一过程中，人力资源的价值也得以转移和体现。应该说，没有人力资源的作用，社会财富就无法形成。

2. 人力资源是经济发展的主要力量

人力资源不仅决定着财富的形成，而且是推动经济发展的主要力量。随着科学技术的不断发展，人类所掌握的知识和技能的不断提高，人力资源对价值创造的贡献度越来越大，社会经济发展对人力资源的依赖程度也越来越重。

3. 人力资源是企业的首要资源

在现代社会，企业是构成社会经济系统的细胞单元，是社会经济活动中最基本的经济单位，是价值创造最主要的组织形式。企业的出现，是生产力发展的结果，而它反过来又极大地提高了生产力的水平。

通过以上分析，可以得知，无论是对社会，还是对企业，人力资源都发挥着极其重要的作用，因此我们必须重视它，创造各种有利的条件以保证其作用的充分发挥，从而实现财富的不断增加、经济的不断发展和企业的不断壮大。

## 第二节 人力资源管理

### 一、人力资源管理的含义

人力资源管理（human resource management）这一概念，是在德鲁克提出人力资源的概念之后出现的。怀特·巴克出版的《人力资源管理功能》一书，首次将人力资源管理作为管理的普通职能加以论述。此后，随着人力资源管理理论和实践的不断发展，在世界范围内产生了人力资源管理的各种流派。各流派从不同的侧面对人力资源管理的概念进行了阐释。

人力资源管理指的是，为了达到组织的总体目标，运用现代科学的技术方法，通过对组织的人和事的管理，协调好人与事的关系，处理好人与人之间的矛盾，充分发挥人的潜能，对人力资源进行获取、开发、整合和调控的过程。人力资源管理包括人力资源规划、人员招聘与培训、薪酬体系的制定及绩效考核等多方面。

### 二、人力资源管理的功能

尽管人力资源管理的功能和职能在形式上可能会有些相似，但两者在本质上是不同的。人力资源管理的功能是指人力资源管理自身应该具备或者发挥的作用，而按照前文对管理职能的解释，人力资源管理的职能则是指它所要承担或履行的一系列活动，人力资源管理的功能是通过它的职能来实现的。确切地说，人力资源管理的功能是指人力资源管理自身所具备或应该具备的作用，这种作用并不是相对于其他事物而言的，而是具有一定的独立性，反映了人力资源管理自身的属性。人力资源管理的功能主要体现在四个方面：吸纳功能、维持功能、开发功能、激励功能。

吸纳功能主要是指吸引并让优秀的人才加入本企业；维持功能是指让已经加入的员工继续留在本企业；开发功能是指让员工保持能够满足当前及未来工作需要的技能；激励功能是指让员工在现有的工作岗位上创造出优良的绩效。

就这四项功能之间的相互关系而言，吸纳功能是基础，它为其他功能的实现提供了条件，不将人员吸引到企业中来，其他功能就失去了发挥作用的对象；激励功能是核心，是其他功能发挥作用的最终目的，如果不能激励员工创造出优良的绩效，其他功能的实现就失去了意义；开发功能是手段，只有让员工掌握了相应的工作技能，激励功能的实现才会具备客观条件，否则就会导致员工"心有余而力不足"；维持功能是保障，只有将吸纳的人员保留在企业中，开发和激励功能才会有稳定的对象，其作用才可能持久。

在企业的实践过程中，人力资源管理的这四项功能通常被概括为"选、育、用、留"四个字。"选"相当于吸纳功能，要为企业挑选出合格的人力资源；"育"相当于开发功能，要不断地培育员工，使其工作能力不断提高；"用"相当于激励功能，要最大限度地使用已有的人力资源，为企业的价值创造做出贡献；"留"相当于维持功能，要采用各种办法将优秀的人力资源保留在企业当中。

## 三、人力资源管理的目标

人力资源的管理目标是指企业人力资源管理需要完成的职责和需要达到的绩效。人力资源管理既要考虑组织目标的实现，又要考虑员工个人的发展，强调在实现组织目标的同时实现个人的全面发展。人力资源管理目标包括全体管理人员在人力资源管理方面的目标任务与专门的人力资源部门的目标任务。具体来说，这些目标任务主要有以下几个方面。

1. 获取并保持适合组织发展的人力资源。人才是企业最重要的资源。在日益激烈的商业竞争中，拥有比对手更优秀、更忠诚、更有主动性与创造力的人才，是构建企业差异竞争战略优势中的宝贵因素。然而，人才资源始终是稀缺资源，随着社会的发展，人才的竞争也会越来越激烈。人力资源管理工作的首要目标就是为组织获取满足其发展需要的数量和质量的劳动力和各种专业技术人员，这是开展其他工作的基础。很多企业在吸引人才方面不惜重金，投入巨大。

2. 保持人力资源队伍的稳定性是人力资源管理的又一重要目标。近些年来，企业的人才流失率节节攀升。人才的流失不但影响企业的正常运转，还会增加开支，降低其工作效率。保持人才最主要的是提高他们的工资和福利，提供安全且舒适的工作环境和未来的发展空间。同时，要加强对员工的关怀及情感上的联系。

3. 提高组织效率或经营绩效，不断获取新的竞争优势。组织效率或经营绩效与员工有着直接联系。加强人力资源管理的目标就是通过提升员工技能、规范员工行为、鼓励创新等方式改进员工的绩效，从而提高组织效率或经营绩效。

4. 塑造良好的企业形象。企业形象是指人们通过企业的各种标识和行为的认知，而建立起来的对企业的总体印象。企业形象是企业精神文化的一种外在表现形式，是社会公众在与企业接触交往过程中所感受到的总体印象。这种印象是通过人体的感官传递获得的。

5. 培育和创造优秀的组织文化。组织文化由其价值观、信念、仪式、标识、行为准则等组成。企业员工受组织文化的影响，同时也能反作用于组织文化。例如，高层管理人员的综合素质、行为举止要与组织文化保持相对的一致，这样才能使文化得以传播与发展；否则，组织文化会在高层管理人员的影响下慢慢发生变化，并演变成新的组织文化类型。全体员工认可组织文化本身的精髓，组织文化才能发展，否则，组织文化可能会发生变化，要么员工改变了组织文化，要么组织文化导致人员流失、运营艰难、企业倒闭。因此，优秀的组织文化对员工产生的是积极向上的正面影响，而不合理的组织文化对组织产生的是负面影响，有时候甚至是致命的影响。

## 四、人力资源管理的原则

人力资源管理的最终目的是做到人尽其才，才尽其用，人事相宜，最大限度地发挥人力资源的作用，以配合实现组织的总目标。如何实现对企业人力资源科学合理的配置，是人力资源管理长期以来亟待解决的一个重要问题。如何才能对企业人力资源进行有效合理的配置呢？我们认为必须遵循以下的原则。

1. 能级对应原则。合理的人力资源配置应使人力资源的整体功能加强，这就要求人的能力与岗位要求相对应。企业岗位有层次和种类之分，处于不同的能级水平。每个人也都具有不同水平的能力，在纵向上处于不同的能级位置。

2. 权变原则。人的发展受先天素质的影响，更受后天实践的制约。后天形成的能力不仅与本人的努力程度有关，也与实践的环境有关，人的感情、行为及素质也是多变的。因此，人的能力的发展是不平衡的，其个性也是多样化的。每个人都有自己的长处和短处，有其总体的能力水准，同时也有自己的专业特长及工作爱好。

3. 动态调整原则。动态调整原则指的是，当人员或岗位要求发生变化的时候，要适时地对人员配备进行调整，以保证始终使合适的人工作在合适的岗位上。岗位或岗位要求是在不断变化的，人也是在不断变化的，人对岗位的适应也有一个认识与实践的过程。由于种种原因，能级不对应，用非所长等情形时常发生。

4. 普选人才原则。现代企业的竞争，已不再是一国或地区之内的同行竞争，许多国际巨头并不排斥引人必要的外部人才。当确实需要从外部招聘人才时，企业就不能"画地为牢"，只局限于企业内部。

## 五、人力资源管理人员的胜任力

根据人力资源管理者在企业中所扮演的角色和起到的作用，一位合格的人力资源从业人员须拥有相应的素质、专业知识和其他领域的知识。

1. 应具备的素质

（1）培养人才

培养人才是人力资源管理人员所应具备的关键素质之一。它的具体体现为，人力资源管理人员要成为"教练员"，就必须能够制定并宣讲人力资源的政策和制度，帮助各级主管承担激发下属潜能、培养人才和贯彻执行人力资源制度的责任。在面向员工的时候，能成为"咨询师"，为员工答疑解惑。

（2）影响力

影响力主要体现在与员工建立彼此信任并达成共识的基础上，成为员工利益的代言人，作为人力资源管理领域的专家，依赖专业权威性影响与推动企业的变革，发挥人力资源管理对企业运营实践的支持作用等。

（3）人际理解力

如果人力资源管理人员无法敏感地倾听与理解员工的需求，无法基于企业与员工的需要提供人力资源的产品与服务，那么人力资源管理的价值就无法体现。

（4）客户服务

客户服务素质是建立在人际理解力基础上的，具体表现在倾听并积极响应客户（包括内部员工与外部客户）提出的问题与需求，并就此提供一系列的人力资源产品与服务，从而获得客户的满意。

（5）团队合作

团队从一定意义上说也可以看成一种培养与开发人才的有效方式。为促进人力资源管理部门履行其对企业经营决策的支持以及员工价值管理的职责，为团队合作提供沟通、分享与支持的平台。

2. 专业知识

（1）人力资源战略与企业文化

根据企业的发展规划，诊断企业现有人力资源状况，结合企业经营发展战略，对未来的人力资源需要和供给状况进行分析及估计，把人力资源战略与企业文化紧密地结合起来。

（2）组织结构设计

根据企业战略目标、资源状况、现有的核心流程以及同行企业的最佳实践模式，分析公司的组织结构，设计企业组织结构。

（3）流程分析与流程再造

流程是组织内部从供应商到客户的价值增长过程。流程的有效性与效率将直接影响组织的有效性、效率与客户的满意度。

（4）工作分析

工作分析是人力资源管理的一项传统的核心职能与基础性工作。一份好的职位说明书无疑是一幅精确的"企业地图",指导着人力资源方方面面的工作。

（5）基于战略的绩效管理

绩效问题是任何公司都面临的长期挑战,人力资源从业者必须掌握绩效管理与绩效目标分解的工具和方法、绩效制度设计与基本操作、绩效目标设定与分解等相关知识。

（6）全面薪酬战略体系

考虑薪酬的不同要素该如何正确组合才能有效地发挥薪酬的作用。薪酬管理是有效支持公司的战略和公司价值提升的方法和工具。

（7）能力管理

建立素质模型,将素质模型应用到人力资源管理的不同领域,从而真正地将人力资源管理回归到建构组织能力和人力资源开发利用上。

（8）招聘

制定人才选择战略,进行准确的工作分析和胜任特征分析,有效地进行人力资源分析与规划,对应聘者的专业技能及综合能力进行评估,对招聘成本进行评估。

（9）培训体系的建立与管理

培训是促成"以人为本"的企业文化的重要手段,制订有效的年度培训计划是人力资源管理人员所面临的严峻挑战。

3.其他领域的知识

企业在选择人力资源管理人员时,一般比较注重对候选人所掌握的专业知识的考察。但是,人力资源管理人员要参与企业的战略决策,要与总经理和其他业务部门沟通,仅仅具备人力资源方面的专业知识显然是远远不够的。人力资源管理人员还必须掌握其他领域的知识,这样才能符合新时期一个合格的人力资源管理人员的要求,成为企业的战略合作伙伴和企业的人力资源管理领域的技术专家。相关知识包括组织行为学、心理学、项目管理、经济学、统计学、市场营销学、财务管理学、生产管理学、战略学、相关法律法规等。

# 第三节 人力资源管理的产生与发展

## 一、人力资源管理在西方的产生与发展

针对人力资源管理在西方的产生与发展,不同的学者划分出了不同的阶段。结合

不同学者的划分方法,我们认为可以将人力资源管理在西方的产生与发展划分为六个阶段。

### 1. 萌芽阶段

人力资源管理的前身被称为人事管理,人事管理是伴随着18世纪后期的工业革命而产生的。工业革命有三大特征,即机器设备的发展,人与机器的联系,以及需要雇用大量人员的工厂的建立。这场革命导致了两个现象:一是劳动专业化的提高;二是工人生产能力的提高,工厂生产的产品剧增。劳动分工已成为工业革命强有力的共同呼声。由于劳动分工思想的提出,个体劳动在工厂中消失,工人的协同劳动成为主体,因此对工人的管理问题逐渐凸显出来。这一阶段,在工人的管理方面产生了各种朴素的管理思想。例如,在劳动分工的基础上对每个工人的工作职责进行界定,实行具有激励性的工资制度,推行员工福利制度,对工人的工作业绩进行考核等。这些管理思想基本上以经验为主,并没有形成科学的理论,但奠定了人力资源管理的雏形。

### 2. 初步建立阶段

初步建立阶段,即科学管理时代,时间大致从20世纪初至1930年。科学管理思想的出现宣告了管理时代的到来,管理从经验阶段步入科学阶段,这在管理思想发展史上有着划时代的意义。泰勒提出科学管理思想一段时间后,企业中开始出现人事部门,该部门负责企业员工的雇用、挑选和安置工作,标志着人力资源管理的初步建立。

### 3. 反省阶段

反省阶段,即人际关系时代,时间大致从20世纪30年代至第二次世界大战结束。从1924年开始到1932年结束的霍桑试验引发了人们对科学管理思想的反思,将员工视为"经济人"的假设受到了现实的挑战。霍桑试验发现了人际关系在提高劳动生产率中的重要性,揭示了对人性的尊重、人的需要的满足、人与人的相互作用以及归属意识等对工作绩效的影响。人际关系理论开创了管理中重视人的因素的时代,是西方管理思想发展史上的一个里程碑。这一理论同时也开创了人力资源管理发展的新阶段,设置专门的培训主管、强调对员工的关心和理解以及增强员工和管理者之间的沟通等人事管理的新方法被很多企业采用。人事管理人员负责设计和实施这些方案,人事管理的职能得到了极大的丰富。

### 4. 发展阶段

发展阶段,即行为科学时代,从20世纪50年代至20世纪70年代。

从20世纪50年代开始,人际关系的人事管理方法逐渐受到挑战,"愉快的工人是生产率高的工人"的假说并没有得到事实的证明,组织行为学的方法逐渐兴起。组织行为学是"一个研究领域,它探讨个体、群体以及结构对组织内部行为的影响,目的是应用这些知识改善组织绩效",它的发展使人事管理对个体的研究与管理扩展到了对群体和组织的整体研究和管理，人力资源管理也实现了从监督制裁到人性激发、从消极惩罚到积极激励、从专制领导到民主领导、从唯我独尊到意见沟通、从权力控制到感情投资的转变，并努力寻求人与工作的结合。"人力资源管理"逐渐成为一个流行名词。

5. 整合阶段

整合阶段，即权变管理时代，从20世纪70年代至20世纪80年代。

在这一阶段，企业的经营环境发生了巨大的变化，各种不确定性因素增加，企业管理不仅要考虑自身的因素，还要考虑外部各种因素的影响。在这种背景下，权变管理理论应运而生，它强调管理的方法和技术要随企业内外环境的变化而变化，应当综合运用各种管理理论，而不只是某一种。在这种理论的影响下，人力资源管理也发生了深刻的变化，注重强调针对不同的情况采取不同的管理方式、实施不同的管理措施。

6. 战略阶段

战略阶段，即战略管理时代，从20世纪80年代至今。

进入20世纪80年代以后，西方经济发展过程中一个突出的现象就是兼并。为了适应兼并发展的需要，企业必须制定出明确的发展战略，因此战略管理逐渐成为企业管理的重点，而人力资源管理对企业战略的实现有着重要的支撑作用。因此，从战略的角度思考人力资源管理的问题，将其纳入企业战略的范畴已成为人力资源管理的主要特点和发展趋势。

## 二、人力资源管理在我国的产生与发展

1. 古代人事管理的思想

中国具有五千多年的文明史，古代文化典籍中蕴藏着丰富的人事管理的思想，对有关人才的重要性、如何选拔人才、如何用好人才等都有精辟的论述。

（1）有关人才的重要性，有唐太宗的名言"为政之要，唯在得人"。

（2）有关如何选拔人才，汉代的王符指出"德不称其任，其祸必酷；能不称其位，其殃必大"。强调人员的品行和能力必须与其职位相符，否则会带来严重的后果。

（3）有关如何用好人才，诸葛亮曾说过"古之善将者，养人如养己子，有难，则以身先之；有功，则以身后之；伤者，泣而抚之；死者，哀而葬之；饥者，舍食而食之；寒者，解衣而衣之；智者，礼而录之；勇者，赏而劝之。将能如此，所向必捷矣"。

2. 我国近代人事管理的概况

鸦片战争之后，中国逐步沦为半殖民地半封建社会，这时的人事管理具有两个基本特点：一是带有浓厚的封建色彩，企业大多是家族性质的小型私人企业。许多企业实行包工制度，将工作包给包工头，然后由包工头招收工人，组织生产，进行监督，

发放工资。二是学习引进西方资本主义国家的科学管理方法。一些规模较大的企业学习引进了泰勒的科学管理方法，对人员进行比较规范的管理。

3. 中华人民共和国成立以来人力资源管理的发展

中华人民共和国成立以来，我国人力资源管理的发展可分为两大阶段：改革开放前和改革开放后。随着社会主义改造的完成，我国建立起了社会主义制度，同时也确定了计划经济的经济体制，企业是国家所有，企业员工是企业的主人。与经济体制相适，我国实行了"统包统配"的就业制度，企业没有用人的自主权，不能自行招聘所需人员；人员只进不出，没有形成正常的退出机制；同时在企业内部，对于工人的工作没有考核，工资分配中存在着严重的平均主义，与工作业绩和工作岗位没有任何关系，人事管理还停留在简单的档案管理和资料统计阶段，与现代人力资源管理相差甚远。

改革开放以后，随着我国经济体制改革的不断深入，国有企业的劳动人事工作也在不断进步。国务院颁发的《关于扩大国营工业企业经营管理自主权的若干规定》（以下简称《规定》），重新规定了企业人事管理的职责权限范围。《规定》指出：允许企业根据生产的需要和精简高效的原则决定自己的机构设置和人员配备；有权根据国家下达的劳动指标招工，进行岗前培训；有权对成绩优异、贡献突出的员工给予奖励；有权对严重违反劳动纪律的员工给予处分，直至辞退。

目前，人力资源管理在我国可以说是机遇与挑战并存。因此，人力资源管理的理论工作者和实际工作者需要共同努力，对其积极探讨，以不断提高我国人力资源管理的理论和实践水平。

# 第二章 人力资源规划

人力资源规划就是针对企业员工有针对性地规划人才招聘计划、培训计划等，根据员工的基本素养，设计不同层次的人力资源管理的计划，从而提升企业员工的工作积极性，优化其工作效率。基于此，本章对企业人力资源展开讲述。

## 第一节 人力资源规划概述

### 一、人力资源规划概念

人力资源规划（human resource planning）是指在依据企业的战略目标、明确企业现有的人力资源状况、在科学地预测企业未来的人力资源供需状况的基础上，制定相应的政策和措施，以确保企业的人力资源不断适应企业经营和发展的需要，使企业和员工都能获得长远的利益。

要准确理解人力资源规划的概念，必须把握以下五个要点：

1. 人力资源规划是在组织发展战略和目标的基础上进行的。企业的战略目标是人力资源规划的基础，人力资源管理是组织管理系统中的一个子系统，要为组织发展提供人力资源和支持。因此，人力资源规划必须以组织的最高战略为坐标，否则人力资源规划将无从谈起。

2. 人力资源规划应充分考虑组织外部和内部环境的变化。一方面，企业外部的政治、经济、法律、技术、文化等一系列因素的变化导致企业外部环境总是处于动态的变化中，企业的战略目标可能会随之不断地发生变化和调整，从而必然引起企业内人力资源需求的变动。另一方面，在企业的发展过程中，不可避免地会出现员工的流出或工作岗位的变化，这可能会引起企业人力资源状况的内部变化。因此，需要对这些变化进行科学的分析和预测，使组织的人力资源管理处于主动地位，确保企业发展对人力资源的需求。

3. 人力资源规划的前提是对现有人力资源状况进行盘点。进行人力资源规划，首先要立足于企业现有的人力资源状况,从员工数量、年龄结构、知识结构、素质水平、发展潜力和流动规律等几个方面,对现有的人力资源进行盘点,并且运用科学的方法,找出目前的人力资源状况与未来需要达到的人力资源状况之间的差距,为人力资源规划的制订奠定坚实的基础。

4. 人力资源规划的目标是制定人力资源政策和措施。例如,为了适应企业发展的需要,要对内部人员进行调动补缺;进行调动补缺,就必须有晋升和降职、外部招聘和培训,以及奖惩等方面的切实可行的政策和措施来加以协调和保障,才能够保证人力资源规划目标的实现。

5. 人力资源规划最终目的是要使企业和员工都获得长期的利益。企业的人力资源规划不仅要关注企业的战略目标,还要切实关心企业中每位员工在个人发展方面的需要,帮助员工在实现企业目标的同时实现个人目标。只有这样,企业才能够留住人才,充分发挥每个人的积极性和创造性,提高每个人的工作绩效;企业才能吸引、招聘到合格的人才,从而最终提高企业的竞争能力,实现企业的战略目标。

通过人力资源规划,要解决下面几个基本问题:

(1) 目标是什么?回答这一问题的目的是在明确组织目标的基础上,衡量目标和现状之间的差异,其中最大的和最重要的差异就是组织人力资源管理的目标。确定目标需要考虑有哪些条件需要改变,需要采取什么标准来衡量成功与否等。

(2) 如何才能实现目标?为了缩小现实与目标之间的差距,需要花费资源从事人力资源管理活动,这也是人力资源管理工作的主要内容。人力资源规划就是要选择手段并把它们整合起来,建立一个完整的体系。

(3) 做得如何?在花费人力资源并实施了规划的人力资源管理活动之后,我们需要考察企业是否已经实现既定的目标。然后再回到人力资源规划的第一个问题上,并重新制订新一轮的规划。

## 二、人力资源规划的作用

人力资源规划不仅在企业的人力资源管理活动中具有先导性和战略性,而且在实施企业总体规划中具有核心的地位。具体而言,人力资源规划的作用体现在以下几个方面。

1. 有利于组织制定战略目标和制订发展规划

一个组织在制定战略目标、制订发展规划以及选择决策方案时,要考虑到自身资源,特别是人力资源的状况。人力资源规划是组织发展战略的重要组成部分,也是实现组织战略目标的重要保证。人力资源规划促使企业了解与分析目前组织内部人力资源余缺的情况,以及未来一定时期内的人员晋升、培训或对外招聘的可能性,有助于目标决策与战略规划。

2. 确保企业在发展过程中对人力资源的需求

企业内部和外部环境总是处在不断发展变化中，这就要求企业对其人力资源的数量、质量和结构等方面不断地进行调整，以保证工作对人的需要和人对工作的适应。企业如果不能事先对人力资源状况进行系统的分析，并采取有效的措施，就会不可避免地受到人力资源问题的困扰。虽然较低技能的一般员工可以短时间内通过劳动力市场获得，但对企业经营起决定性作用的技术人员和管理人员一旦出现短缺，则无法立即找到替代人员。因此，人力资源部门必须注意分析企业人力资源需求和供给之间的差距，制订各种规划，不断满足企业对人力资源多样化的需要。

3. 有利于人力资源管理工作的有序进行

人力资源规划作为一种计划功能，是人力资源管理的出发点，是任何一项人力资源管理工作得以成功实施的重要步骤。人力资源规划具有先导性和战略性，是组织人力资源管理活动的基础。它由总体规划和各种业务计划构成，可以在为实现组织目标进行规划的过程中，为人力资源管理活动，如人员的招聘、晋升、培训等，提供可靠的信息和依据，从而保证人力资源管理活动的有序进行。

4. 控制企业的人工成本和提高人力资源的利用效率

现代企业的成本中最大的是人力资源成本，而人力资源成本在很大程度上取决于人员的数量和人员的分布情况。在一个企业成立初期，低工资的人员较多，人力资源成本相对较低；随着企业规模的扩大，员工数量增加，员工职位升高，工资水平上涨，人力资源成本有所增加。如果没有科学的人力资源规划，难免会出现人力资源成本上升，人力资源利用效率下降的情况。因此，人力资源规划可以有计划地调整人员数量和分布状况，把人工成本控制在合理的范围内，以此来提高人力资源的利用效率。

5. 调动员工的积极性和创造性

人力资源规划不仅是面向组织的计划，还是面向员工的计划。许多企业面临着持续不断的员工跳槽现象，表面上来看是因为企业无法给员工提供优厚的待遇或者晋升渠道，其实是因为人力资源规划的空白或不足，并不是每个企业都能提供有诱惑力的薪金和福利来吸引人才，许多缺乏资金、处于发展初期的中小企业照样可以吸引到优秀人才并且迅速成长。它们的成功之处不外乎立足企业自身情况，营造企业与员工共同成长的组织氛围。组织应在人力资源规划的基础上，引导员工进行职业生涯设计和发展，让员工清晰地了解自己未来的发展方向，看到自己的发展前景，从而去积极、努力争取，调动其工作积极性和创造性，共同实现组织的目标。

## 三、人力资源规划的分类

1. 按照规划的时间长短划分

人力资源规划按时间的长短可以分为长期规划、中期规划和短期规划。

（1）长期人力资源规划。长期人力资源规划期限一般为5年以上，对应于企业的长期总体发展目标，是对企业人力资源开发与管理的总目标、总方针和总战略进行系统的谋划。其特点是具有战略性和指导性，没有十分具体的行动方案和措施，只是方向性的描述。

（2）中期人力资源规划。中期人力资源规划期限一般在1年以上5年以下，对应于企业中长期发展目标，包括对未来发展趋势的判断和对发展的总体要求。其特点是方针、政策和措施的内容较多和比较明确，但没有短期人力资源规划那样具体。

（3）短期人力资源规划。短期人力资源规划是指1年或1年以内的规划，一般表现为年度、季度人力资源的规划，主要是具体的工作规划，这类规划的特点是目的明确、内容具体，有明确的具体行动方案和措施，具有一定的灵活性。这种划分期限的长短并不是绝对的。对一些企业来说，长期人力资源规划、中期人力资源规划和短期人力资源规划的期限可能比前述的更长，而对另一些企业来说期限可能会更短。这取决于企业所在行业性质和企业生命周期等因素。

2. 按照规划的范围划分

人力资源规划按照范围的大小可以划分为整体规划、部门规划和项目规划。

（1）整体规划。整体规划关系到整个企业的人力资源管理活动，是属于企业层面的，在人力资源规划中居于首要地位。

（2）部门规划。部门规划是指企业各个业务部门的人力资源规划。部门规划在整体规划的基础上制订，内容专一性强，是整体规划的子规划。

（3）项目规划。项目规划是指某项具体任务的计划。它是指对人力资源管理特定课题的计划，如项目经理培训计划。项目规划与部门规划不同，部门规划只是单个部门的业务，而项目规划是为某种特定的任务而制订的。

3. 按照规划的性质划分

人力资源规划按照性质的不同可以划分为战略性人力资源规划和战术性人力资源规划。

（1）战略性人力资源规划。战略性人力资源规划着重于总的、概括性的战略和方针、政策和原则，具有全局性和长远性，通常是人力资源战略的表现形式。

（2）战术性人力资源规划。战术性人力资源规划一般指具体的、短期的、具有专业针对性的业务规划。战术性人力资源规划具有内容具体、要求明确、措施落实和容易操作等特点。

## 四、人力资源规划的内容

1. 人力资源总体规划

人力资源总体规划是对计划期内人力资源规划结果的总体描述，包括预测的需求和供给分别是多少，做出这些预测的依据是什么，供给和需求的比较结果是什么，企业平衡需求与供给的指导原则和总体政策是什么等。人力资源总体规划具体包括三个方面的内容，分别是人力资源数量规划、人力资源素质规划和人力资源结构规划。

（1）人力资源数量规划

人力资源数量规划主要解决企业人力资源配置标准的问题。它为企业未来的人力资源配置提供了依据和指明了方向。人力资源数量规划是指依据企业未来业务模式、业务流程、组织结构等因素来确定未来企业各部门人力资源编制以及各类职位人员配比关系，并在此基础上制订企业未来人力资源的需求计划和供给计划。

（2）人力资源素质规划

人力资源素质规划是依据企业战略、业务模式、业务流程和组织对员工的行为进行要求，设计各类人员的任职资格。人力资源素质规划是企业选人、育人、用人和留人活动的基础和前提。人力资源素质规划包括企业人员的基本素质要求、人员基本素质提升计划以及关键人才招聘、培养和激励计划等。

（3）人力资源结构规划

人力资源结构规划是指依据行业特点、企业规模、战略重点发展的业务及业务模式，对企业人力资源进行分层分类、设计和定义企业职位种类与职位权责界限的综合计划。企业可通过人力资源结构规划，理顺各层次、各种类职位上人员在企业发展中的地位、作用和相互的关系。人力资源数量规划和人力资源结构规划以及人力资源素质规划是同时进行的，数量规划和素质规划都是依据结构规划所确定的结构所进行的，因此人力资源结构规划是关键。

2. 人力资源业务规划

人力资源业务规划包括人员配备计划、人员补充计划、人员使用计划、培训开发计划、薪酬激励计划、劳动关系计划和退休解聘计划等。

（1）人员配备计划。人员配备计划是指根据组织发展规划，结合组织人力资源盘点报告，来制订人员配备计划。企业中每一个职位、每一个部门的人力资源需求都存在一个适合的规模，并且这个规模会随着企业外部环境和内部条件的变化而改变。人员配备计划就是为了确定在一定的时期内与职位、部门相适合的人员规模和人员结构而制订的计划。

（2）人员补充计划。人员补充计划即拟定人员补充政策，目的是使企业能够合理地、有目标地填补组织中可能产生的空缺。在组织中，常常会由于各种原因出现空缺或新职位。例如，企业规模扩大，进入新的产品领域，员工的晋升、离职、退休等情况都会产生新职位或空缺职位。为了保证企业出现的空缺职位和新职位得到及时而又经济的补充，企业需要制订人员补充计划。

（3）人员使用计划。人员使用计划包括人员晋升计划和人员轮换计划。晋升计划实质上是企业内部晋升政策的一种表达方式，根据企业的人员分布状况和层级结构，拟定人员晋升政策。对企业来说，有计划地提升有能力的人员，不仅是人力资源规划的重要职能，更重要的是体现了对员工的激励。晋升计划一般由晋升比率、平均年资、晋升时间等指标来进行表达。某一级别（如招聘主管）未来的晋升计划如表2-1所示。

表2-1 晋升计划范例

| 晋升到某级别的年资 | 1 | 2 | 3 | 4 | 5 | 6 | 7 | 8 |
|---|---|---|---|---|---|---|---|---|
| 晋升比率（%） | 0 | 0 | 10 | 20 | 40 | 5 | 0 | 0 |
| 累计晋升比率（%） | 0 | 0 | 10 | 30 | 70 | 75 | 75 | 75 |

从上表可以看出，晋升到某级别的最低年资是3年，年资为3年的晋升比率为10%，4年的为20%，5年的为40%，其他年资获得晋升的比率很小或为0。因此，调整各种指标会使晋升计划发生改变，会对员工的心理产生不同的影响。例如，向上晋升的年资延长，就意味着员工在目前的级别上待的时间更长；降低晋升的比率则表明不能获得晋升机会的人数增多。

人员轮换计划是为了使员工的工作丰富化、培养员工多方面的技能、激励员工的创造性而制订的对员工的工作岗位进行定期轮换的计划。

（4）培训开发计划。培训开发计划是为了满足企业的可持续发展的需求，在对需要的知识和技能进行评估的基础上，有目的、有计划地对不同人员进行培养和开发。企业实施培训开发计划，一方面可以使员工更好地胜任工作，另一方面，也有助于企业吸引和留住人才。

（5）薪酬激励计划。对企业来说，制订薪酬激励计划，一方面是为了保证企业的人力资源成本与经营状况保持适当的比例关系；另一方面是为了充分发挥薪酬的激励作用。企业通过薪酬激励计划可以在预测企业发展的基础上，对未来的薪资总额进行预测，并设计未来的人力资源政策，如激励对象、激励方式的选择等，以调动员工的积极性。薪酬激励计划一般包括薪资结构、薪资水平和薪资策略等。

（6）劳动关系计划。劳动关系计划是关于减少和预防劳动争议、改进企业和员工关系的重要人力资源业务计划。劳动关系计划在提高员工的满意度、降低人员流动率、减少企业的法律纠纷、维护企业的社会形象、保障社会的稳定等方面发挥着越来越不可估量的作用。

（7）退休解聘计划。退休解聘计划是企业对员工的淘汰退出机制，现代企业都已经不再是终身雇佣制，但有的企业依然存在大量闲置人员。出现这样的现象是因为企业只设计了向上晋升的通道，并未设计向下退出的通道，退休解聘计划就是设计向下退出的通道。晋升计划和退休解聘计划使企业的员工能上能下、能出能进，保证了企业人力资源的可持续健康发展。

人力资源业务计划是人力资源总体规划的展开和具体化，它们分别从不同的角度保证了人力资源工作规划目标的实现。各项人力资源业务计划是相辅相成的，在制订人力资源业务计划时，应当注意各项业务计划之间的相互配合。例如，培训计划、使用计划和薪酬计划之间需要相互配合；如果某些员工通过培训提高了能力，但企业在员工使用和薪酬制度方面没有相应的配套，就可能会挫伤员工接受培训的积极性，甚至可能导致培训后的员工流失。

## 五、人力资源规划的程序

人力资源规划的制订是一个复杂的过程，涉及的内容比较多、人员范围比较广，需要多方面的支持与协作。因此，规范和科学的人力资源规划程序是提高企业人力资源规划质量的制度保证。人力资源规划的过程一般分为五个阶段，即准备阶段、预测阶段、制订阶段、执行阶段和评估阶段。接下来，笔者将结合这五个阶段对人力资源规划的整个过程进行简要的说明。

1. 准备阶段

每一项规划要想做好都必须充分收集相关信息，人力资源规划也不例外。影响企业人力资源供给和需求的因素有很多，为了比较准确地做出预测，企业需要收集各种有关信息，这些信息主要包括以下几方面的内容。

（1）外部环境的信息。外部环境对人力资源规划的影响主要体现在两个方面：一是企业面对的大环境对人力资源规划的影响，如政治、经济、文化、法律、人口、交通状况等因素；二是劳动力市场的供求状况、人们的择业偏好、企业所在地区的平均工资水平、政府的职业培训政策、国家的教育政策以及竞争对手的人力资源管理政策等因素，这些外部的小环境同样对人力资源规划产生一定的影响。

（2）内部环境的信息。这类信息也包括两个方面：一是组织环境的信息，如企业的发展规划、经营战略、生产技术以及产品结构等；二是管理环境的信息，如公司的组织结构、企业文化、管理风格、管理体系以及人力资源管理政策等，这些因素直接决定着企业人力资源的供给和需求。

（3）现有人力资源的信息。制订人力资源规划，要立足于人力资源现状，只有及时准确地掌握企业现有人力资源的状况，人力资源规划才有意义。为此，需要借助人力资源信息管理系统，以便能够及时和准确地给企业提供现有人力资源的相关信息。现有的人力资源信息主要包括：个人资料情况；录用资料；教育和培训资料；工资资料；工作执行评价；工作经历；服务与离职资料；工作态度调查；安全与事故资料；工作环境资料，以及工作与职务的历史资料等。

2. 预测阶段

人力资源预测阶段分为人力资源需求预测和人力资源供给预测。这个阶段的主要任务是在充分掌握信息的基础上，选择有效的人力资源需求预测和供给预测的方法，分析与判断不同类型的人力资源供给和需求状况。在整个人力资源规划中，这是最关键也是难度最大的一部分，直接决定人力资源规划的成败。只有准确地预测出供给与需求，才能采取有效的平衡措施。

（1）人力资源需求预测。人力资源需求预测主要是根据企业的发展战略和本企业的内外部条件选择预测技术，然后对人力资源的数量、质量和结构进行预测。在预测过程中，预测者及其管理判断能力与预测的准确与否关系重大。一般来说，商业因素是影响员工需要类型、数量等重要变量的依据。通过分析这些因素，并收集历史资料，预测者可以此作为预测的基础。从逻辑上讲，人力资源需求是产量、销量、税收等的函数，但对不同的企业或组织来说，每一项因素的影响并不相同。

（2）人力资源供给预测。人力资源供给预测也称为人员拥有量预测。只有进行人员拥有量预测并把它与人员需求量预测相对比，才能制订出各种具体的规划。人力资源供给预测包括两部分：一部分是内部拥有量预测，即根据现有人力资源及其未来变动情况，预测出规划各时间点上的人员拥有量；另一部分是对外部人力资源供给量进行预测，规划各时间点上的各类人员的可供量。

（3）确定人员净需求。完成人力资源需求预测和人力资源供给预测之后，需要把组织中的人力资源需求与组织内部人力资源供给进行对比分析，测算出各类人员的净需求数。若这个净需求数是正数，则表明企业要招聘新的员工或对现有员工进行有针对性的培训；若这个净需求数是负数，则表明组织在这方面的人员是过剩的，应该精简人员或对员工进行调配。这里所说的"人数净需求"包括人员的数量、人员的质量和人员的结构。这样就可以有针对性地制订人力资源目标和人力资源规划。

3. 制订阶段

完成相关信息的收集工作及人力资源供需分析后，就可以制订人力资源规划了。人力资源规划的制订阶段是整个人力资源规划过程的实质性阶段。它包括制订人力资源目标和人力资源规划的内容两个方面。

（1）人力资源目标的确定

人力资源目标是企业经营发展战略的重要组成部分，支撑着企业的长期规划和经营计划。人力资源目标以企业的长期规划和经营规划为基础，从全局和长期的角度来考虑企业在人力资源方面的发展和要求，为企业的持续发展提供人力资源保证。人力资源目标应该是多方面的，涉及人力资源管理的各项活动，人力资源目标应该满足SMART 原则：目标必须是具体的（Specific）；目标必须是可以衡量的（Measurable）；目标必须是可以达到的（Atainable）；目标必须和其他目标具有相关性（Relevant）；目标必须具有明确的截止期限（Time-based）。例如，在今后 3 年内将从事生产操作的人员减少 30%，从事销售的人员增加 20%；在本年度，每位中层人员接受培训的时间要达到 40 小时以上；通过为期两周的脱产培训，使操作工人掌握这项技能，生产的产品合格率达到 9% 以上等明确期限要求。

（2）人力资源规划内容的制订

人力资源规划内容的制订，包括制订人力资源总体规划和人力资源业务规划。关于人力资源总体规划和人力资源业务规划前文已经有所陈述，人力资源总体规划包括：人力资源数量规划、人力资源素质规划和人力资源结构规划。人力资源业务规划包括：人员配备计划、人员补充计划、人员使用计划、培训开发计划、薪酬激励计划、劳动关系计划和退休解聘计划等。在制订人力资源业务规划内容时，应该注意两个问题。第一，应该具体明确，具有可操作性。例如，一项人员补充计划应该包括以下内容：根据企业的发展战略需要引进人才的数量和质量，引进人才的时间和需要增加的预算，其他相关问题等。第二，业务性人力资源规划涉及人力资源管理的各个方面，如人员补充计划、人员使用计划、人员培训计划等，由于这些计划是相互影响的，在制订时要充分考虑到各项计划的综合平衡问题。例如，人员培训计划会使员工的素质通过培训得到提高，工作绩效有所改善，但如果其报酬没有改变，就会使员工觉得培训是浪费时间，从而挫伤其参加培训的积极性。制订人员培训计划时应同时考虑人员使用计划和薪酬激励计划相关之间的协调。因此，各项人力资源业务计划应该相互协调，避免出现不一致，甚至出现冲突的问题。

4. 执行阶段

制订人力资源规划并不是企业的最终目的，最终目的是执行人力资源规划。人力资源规划的执行是企业人力资源规划的一项重要工作，人力资源规划执行是否到位，决定着整个人力资源规划是否会成功。人力资源规划一经制订出来，就要付诸实施。在人力资源规划的实施阶段，需要注意两个方面的问题：一方面，确保有具体的人员来负责既定目标的达成，同时还要确保实施人力资源规划方案的人拥有达成这些目标所必要的权力和资源；另一方面，需要定期得到关于人力资源规划执行情况的进展报告，以保证所有的方案都能够在既定的时间里执行到位，保证这些方案执行的早期所产生的一些收益与预测的情况是一致的，保证方案的执行是按照当初制订的各项人力资源规划进行的。

5. 评估阶段

对人力资源规划实施的效果进行评估是整个规划过程的最后一步，由于预测不可能做到完全准确，人力资源规划也不是一成不变的。实际上它是一个开放的动态系统。人力资源规划的评估包括两层含义：一是指在实施的过程中，要随时根据内外部环境的变化修正供给和需求的预测结果，并对平衡供需的措施做出调整；二是指要对预测的结果以及制定的措施进行评估，对预测的准确性和措施的有效性做出衡量，找出其中存在的问题以及有益的经验，为以后的规划提供借鉴和帮助。对人力资源规划进行评估应注意以下几个问题：预测所依据信息的质量具有广泛性、详尽性、可靠性；预测所选择的主要因素的影响与人力资源需求的相关度；人力资源规划者熟悉人事问题的程度以及对它们的重视程度；人力资源规划者与提供数据和使用人力资源规划的人事、财务部门以及各业务部门经理之间的工作关系；在有关部门之间信息交流的难易程度；决策者对人力资源规划中提出的预测结果、行动方案和建议的利用程度；人力资源规划在决策者心目中的价值；人力资源各项业务规划实施的可行性。

## 第二节  人力资源的供需预测

人力资源供需预测是人力资源规划的基础，它是一项技术性较强的工作，涉及许多专业的技术和方法。同时，人力资源供需预测也是企业人力资源规划的核心内容，本节将对这一核心内容进行比较详细的探讨，其中，预测方法的介绍是本节的重点。

### 一、人力资源需求预测

人力资源需求预测指的是，为了实现企业的战略目标，根据企业所处的外部环境和内部条件，选择适当的预测技术，对未来一定时期内企业所需人力资源的数量、质量和结构进行预测。在进行人力资源需求预测之前，先要确定岗位将来是否确实有必要存在，该工作的定员数量是否合理，现有工作人员是否具备该工作所要求的条件，未来的生产任务、生产能力是否可能发生变化等。

#### （一）影响企业人力资源需求的因素

企业对人力资源的需求受到诸多因素的影响，归结起来主要分为两类：企业内部因素和企业外部环境。

1. 企业内部因素

（1）企业规模的变化。企业规模的变化主要来自两个方面：一是在原有的业务范围内扩大或压缩规模；二是增加新的业务或放弃旧的业务。这两个方面的变化都会对人力资源需求的数量和结构产生影响。企业规模扩大，则需要的人力就会增加，新的业务更需要掌握新技能的人员来胜任；企业规模缩小，则需要的人力也将减少，就会发生裁员、员工失业等现象。

（2）企业经营方向的变化。企业经营方向的调整，有时并不一定导致企业规模的变化，但对人力资源的需求会发生改变。比如，军工产业转为生产民用产品，就必须增加市场销售人员，否则将无法适应多变的民用市场环境。

（3）技术、设备条件的变化。企业生产技术水平的提高、设备的更新，一方面会使企业所需人员的数量减少；另一方面，对人员的知识、技能的要求会随之提高。

（4）管理手段的变化。如果企业采用先进的管理手段，会使企业的生产率和管理效率提高，从而引起企业人力资源需求的变化。比如，企业使用计算机信息系统来管理企业的数据库，企业的工作流程必定会简化，人力资源的需求也会随之减少。

（5）人力资源自身状况。企业人力资源状况对人力资源需求也存在重要的影响。例如，人员流动比率的大小会直接影响企业对人力资源的需求。人员流动比率反映的是企业中由辞职、解聘、退休及合同期满而终止合同等引起的职位空缺规模。此外，企业人员的劳动生产率、工作积极性、人才的培训开发等也会影响企业对人力资源的需求。

2. 企业外部环境

外部环境对企业人力资源需求的影响，多是通过企业内部因素起作用的。影响企业人力资源需求的外部环境主要包括经济、政治、法律、技术和竞争对手、顾客需求等。例如，经济的周期性波动，会引起企业战略或规模的变化，进而引起人力资源需求的变化；竞争对手之间的人才竞争，会直接导致企业人才的流失；顾客的需求偏好发生改变，会引起企业经营方向的改变，进而也会引起人力资源需求的变动。

（二）人力资源需求预测的方法

人力资源需求预测方法包括定性预测法和定量预测法两大类。

1. 定性预测法

（1）管理人员经验预测法。管理人员经验预测法是凭借企业的管理者所拥有的丰富经验甚至个人的直觉，来预测企业未来的人力资源需求。例如，根据前期工作任务的完成情况，结合下一期的工作任务量，管理人员就可以预测未来的人员需求。它是一种比较简单的方法，完全依靠管理者的经验和个人能力，预测结果的准确性不能保证，通常用于短期预测。同时，当企业所处的环境较为稳定、组织规模较小时，单独使用此方法，可以迅速得出预测结论，获得满意的效果；如果在企业所处环境复杂、组织规模较大的情况下，往往需要与其他预测方法结合使用。

（2）分合预测法。分合预测法是一种较为常用的人力资源需求的预测方法，包括自上而下、自下而上两种方式：1）自上而下的方式。具体流程是，企业的高层管理者先初步拟定组织的总体用人目标和计划，然后逐级下达指令到各部门和单位，在各个部门和单位内进行讨论和修改，再将各自修改之后的意见逐级汇总后反馈回企业高层，高层管理者据此对总体计划做出修正，最后公布正式的用人计划；2）自下而上的方式。具体流程是企业的高层管理者首先要求各个部门和单位根据各自的工作任务、技术设备的状况等，对本部门将来各种人员的需求进行预测，然后，在此基础上对各部门、单位提供的预测数据进行综合平衡，从中预测出整个组织将来一定时期的人员需求状况。

通常情况下，企业会将两种方式结合运用。分合预测法能够使企业各层管理者参与人力资源规划的制订，根据本部门的实际情况确定较为合理的人力资源规划，调动他们的积极性。但是，这种方法由于受企业各层管理者的知识、经验、能力、心理成熟度的限制，长期的人员需求预测不是很准确。因此，分合预测法是一种中短期的人力资源需求预测的方法。

（3）德尔菲法。德尔菲法，又称专家预测法，最早由美国兰德公司在20世纪40年代末创立。德尔菲法在创立之初被专门用于技术预测，后来逐渐扩展到其他领域，成为专家们对影响组织发展的某一问题的看法达成一致意见的结构化方法。德尔菲法的特征体现在几个方面：吸引专家参与预测，充分利用专家的经验和学识来做出判断；采用匿名或背靠背的方式，使每一位专家独立、自由地做出自己的判断；对预测过程进行多次反馈，使专家的意见逐渐趋同。

将德尔菲法应用于企业人力资源需求预测的具体操作步骤如下：

确定预测的目标，由主持预测的人力资源管理部门确定关键的预测方向、相关变量和难点，列举出必须回答的有关人力资源预测的具体问题；挑选各个方面的专家，每位专家都要拥有人力资源预测方面的某种知识或专长；人力资源部门向专家们发出问卷和相关材料，使他们在背靠背、互不通气的情况下，独立发表看法；人力资源部门将专家的意见集中、归纳，并将归纳的结果反馈给他们；专家们根据归纳的结果进行重新思考，修改自己的看法；重复进行第四步和第五步，直到专家们的意见趋于一致，这一过程通常需要3~4轮。

德尔菲法的优点是可以集思广益，并且可以避免群体压力和某些人的特殊影响力，对影响人力资源需求各个方面的因素可以有比较全面、综合的考虑；缺点是花费时间较长、费用较大。因此，这种方法适用于长期的、趋势性的预测，不适用于短期的、日常的和比较精确的人力资源需求预测。

2. 定量预测法

（1）趋势分析法。趋势分析法是利用组织的历史资料，根据某个因素的变化趋势预测相应的人力资源需求。例如，根据一个公司的销售以及历史上销售额与人力资源需求的比例关系，确定一个相对合理的未来比例，然后根据未来销售额的变化趋势来预测人力资源需求。这种方法有两个假定前提：第一，假定企业的生产技术构成基本不变，这样单位产品的人工成本才大致保持不变，并以产品数量的增减为依据来推测人员需求数量；第二，假定市场需求基本不变，在市场需求变化不大的情况下，人员数量与其他变量，如产量的关系等，才容易分析得出来。

趋势分析法的操作步骤如下：

1）选择相关变量。确定一种与劳动力数量和结构的相关性最强的因素为相关变量，通常选择销售额或生产率等；

2）分析相关变量与人力资源需求的关系。分析此因素与所需员工数量的比率，形成一种劳动率指标，例如，生产量/每人时等；

3）计算生产率指标。根据以往5年或5年以上的生产率指标，求出均值；

4）计算所需人数。用相关变量除以劳动生产率得出所需人数。

（2）转换比率分析法。转换比率分析法是根据过去的经验，把企业未来的业务量转化为人力资源需求量的预测方法。转换比率分析法的操作步骤如下：

1）确定企业未来的业务量，根据以往的经验估计与企业的业务规模相适应的关键技能员工的数量；

2）再根据关键技能员工的数量估计辅助人员的数量；

3）加总数量得出企业人力资源总需求量。

使用转换比率法将企业的业务量转换为人力资源需求量时，通常要以组织已有的人力资源的数量与某个影响因素之间的相互关系作为依据，来对人力资源的需求进行预测。以一所医院为例，当医院的病床数量增加一定的百分比时，护士的数量也要增加相应的百分比，否则难以保证医院的医疗服务质量。类似的还有，根据过去的销售额和销售人员数量之间的比例关系，预测未来的销售业务量对销售人员的需求量。

需要指出的是，转换比率分析法有一个隐含的假设：假设组织的生产率保持不变。

## 二、人力资源供给预测

人力资源供给预测也称为人员拥有量预测，是预测在某一未来时期内，组织内部所能供应的或经培训可能补充的，以及外部劳动力市场所提供的一定数量、质量和结构的人员，以满足企业为实现目标而产生的人员需求。

人力资源供给预测与人力资源需求预测存在重要的差别：人力资源需求预测只研究企业内部对人力资源的需求，而人力资源供给预测必须同时考虑企业内部供给和外部供给两个方面。对人力资源的需求做出了预测之后，就要对企业的人力资源可得性进行确认。

### （一）企业内部人力资源供给

企业内部人力资源供给预测主要分析计划期内将有多少员工留在目前的岗位上，有多少员工流动到其他的岗位上，又有多少员工会流出组织。

1. 影响企业内部人力资源供给的因素

（1）现有人力资源的运用情况。企业现有人力资源的运用情况包括：员工的工作负荷饱满程度、员工出勤状况、工时利用状况、以及部门之间的分工是否平衡等。例如，员工的缺勤情况严重而不能有效改善，就会影响企业内部人力资源的供给。

（2）企业人员流动状况。在收集和分析有关内部劳动力供应数据时，企业内部人员流动率将对劳动力供给产生很大影响。这些人员流动率的数据包括：晋升率、降职率、轮岗率、离职率，企业人员的流动率可以根据历史数据与人力资源管理经验来预测，通过分析规划期内可能流出和流入的人数与相应类型及企业内部劳动力市场的变动情况，判断未来某个时点或时期内部可提供的人力资源数量。

（3）员工的培训开发状况。根据企业的经营战略，针对企业未来可能需要的不同技能类型的员工提供有效的员工开发和培训，可以改善企业目前的人力资源状况，使企业人力资源的质量、结构更能适应企业未来发展的需要。从人力资源满足企业发展的有效性来看，通过减少企业冗余的人力资源，可以增加人力资源的内部供给。

2. 内部人力资源供给预测的方法

（1）人员接替法。人员接替法就是对组织现有人员的状况做出评价，然后对他们晋升或者调动的可能性做出判断，以此来预测组织潜在的内部供给。当某一职位出现空缺时，可以及时地进行补充。在置换图中，要给出职位名称、现任员工姓名、年龄、业绩评价、职位晋升或转移的可能性。人员接替法的操作步骤如下：确定人员接替计划包括的岗位范围；确定各个岗位上的接替人选；评价接替人选当前的工作绩效和晋升潜力；了解接替人选本人的职业发展需要，并引导其将个人目标与组织目标结合起来。

（2）人力资源"水池"模型。该模型是在预测组织内部人员流动的基础上，预测人力资源的内部供给。它与人员接替法有些类似，不同的是，人员接替法是从员工出发来进行分析，而且预测的是一种潜在的供给。"水池"模型则是从职位出发进行分析，预测的是未来某一时间段现实的供给，涉及的面更广。这种方法一般针对具体的部门、职位层次或职位类别来进行，要在现有人员的基础上，通过计算流入量和流出量来预测未来的供给。这就好比是计算一个水池未来的蓄水量，因此被称为"水池"模型。人力资源"水池"模型的操作步骤如下：

1）明确每个职位层次对员工的要求和需要的员工人数；

2）确定达到职位要求的候选人，或者经过培训后能胜任职位的人数；

3）把各职位的候选人情况与企业员工的流动情况综合起来考虑，控制好员工流动方式与不同职位人员接替方式之间的关系，对企业人力资源进行动态管理。

对企业中各职位层次员工的供给预测，可以使用以下公式：

未来内部供给量 = 现有员工数量 + 流入总量 - 流出总量

对每一层次的职位来说，人员流入的原因有平行调入、上级职位降职和下级职位晋升；流出的原因有向上级职位晋升、向下级职位降职、平行调出、离职和退休。对所有层次分析完之后，将它们合并在一张图中，就可以得出组织未来各个层次职位的内部供给量以及总的供给量。

（3）马尔科夫转换矩阵法。马尔科夫转换矩阵法是一种运用统计学原理预测组织内部人力资源供给的方法。马尔科夫转换矩阵法的基本思想是找出过去人员流动的规律，以此推测未来的人员流动趋势。其基本假设是过去内部人员流动的模式和概率与未来大致相同。运用这种方法预测人员供给时，首先需要建立人员变动矩阵表。它主要是指某个人在某段时间内，由一个职位调到另一个职位（或离职）的概率。马尔科夫转换矩阵可以清楚地分析企业现有人员的流动（如晋升、调换岗位和离职）情况。

## （二）企业外部人力资源供给

当企业内部的人力资源供给无法满足需要时，企业就需要从外部获取人力资源。企业外部人力资源供给预测，主要是预测未来一定时期，外部劳动力市场上，企业所需人力资源的供给情况。企业外部人力资源供给依赖于劳动力市场的状况。其影响因素主要考虑以下几个方面：

1. 影响企业外部人力资源供给的因素

（1）宏观经济形势。劳动力市场的供给状况与宏观经济形势息息相关。宏观经济形势越好，失业率越低，劳动力供给越紧张，企业招募越困难；反之亦然。

（2）全国或本地区的人口状况。影响人力资源供给的人口状况包括：1）人口总量和人力资源率，人口总量越大，人力资源率越高，人力资源的供给就越充足；2）人力资源的总体构成，这是指人力资源在性别、年龄、教育、技能、经验等方面的构成，它决定了不同层次和类别上可以提供的人力资源数量和质量。

（3）劳动力的市场化发育程度。劳动力市场化程度越高，越有利于劳动力自由进入市场，以及市场工资率导向的劳动力合理流动，从而消除人为因素对劳动力流动的限制，增强人力资源供给预测的客观性和准确性。

（4）政府的政策和法规。政府的政策和法规是影响外部人力资源供给的一个不可忽视的因素，如关于公平就业机会的法规、保护残疾人就业的法规、严禁童工就业的法规、教育制度变革等。

（5）地域特点。公司所在地或公司本身对人们的吸引力，也是影响人力资源供给的重要因素。例如，北京、上海、广州等大城市的公司和世界500强企业会更容易吸引人才。

2. 外部人力资源供给预测的方法

（1）文献法。文献法是指根据国家的统计数据或有关权威机构的统计资料进行分析的方法。企业可以通过国家和地区的统计部门、劳动人事部门出版的年鉴和发布的报告以及互联网获得这些数据或资料。同时，企业还应及时关注国家和地区的有关法律、政策的变化情况。

（2）市场调查法。企业可以就自身所关注的人力资源状况直接进行调查。企业可以与猎头公司、人才中介公司等专门机构建立长期的联系，还可以与相关院校建立合作关系，跟踪目标生源的情况等。

（3）对应聘人员进行分析。企业可以通过对应聘人员和已雇用的人员进行分析得到未来外部人力资源供给的相关信息。

## 三、人力资源供需平衡

组织人力资源需求与人力资源供给相等时，称为人力资源供需平衡；若两者不等时，称为人力资源供需不平衡。人力资源供需不平衡存在三种情况：人力资源供大于求，出现预期人力资源过剩的情况；人力资源供小于求，出现预期人力资源短缺的情况；人力资源供需数量平衡，结构不平衡的情况。人力资源供需之间三种不平衡的情况，都会给企业带来相应的问题。例如，当人力资源供大于求时，会导致企业内人浮于事，内耗严重，生产成本上升而工作效率下降；当人力资源供小于求时，企业设备闲置，固定资产利用率低。这些问题都会影响企业战略目标的实现，削弱企业的竞争优势，最终影响到企业的持续发展。人力资源供需平衡就是根据人力资源供需之间可能出现的缺口，采取相应的人力资源政策措施，实现企业未来人力资源供需之间的平衡。

1. 预期人力资源短缺时的政策

（1）外部招聘

外部招聘是最常用的人力资源缺乏的调整方法。当人力资源总量缺乏时，采用此种方法比较有效。根据组织的具体情况，面向社会招聘所需人员，如果企业需求是长期的，一般招聘一些全职员工；如果需求是暂时的，就可以招聘一些兼职员工和临时员工，以补充企业人力资源短缺的现象。

（2）延长工作时间

在符合国家劳动法律法规的前提下，延长员工的工作时间，让员工加班和加点，并支付相应的报酬，以应对人力资源的短期不足。延长工作时间可有效节约福利开支，减少招聘成本，而且可以保证工作质量。但是，延长工作时间只是补充短期的人力资源的不足，而不能长期使用此政策。如果长期使用，会导致员工过度劳累而增加员工的工作压力和疲劳程度，反而会降低工作效率。

（3）培训后转岗

对组织现有员工进行必要的技能培训，使之不仅能适应当前的工作，还能进行转岗或适应更高层次的工作，能够将企业现有的人力资源充分利用起来，以补充人力资源的不足；此外，如果企业即将出现经营转型，必须向员工培训新的工作知识和工作技能，以便在企业转型后，保证原有的员工能够胜任新的岗位。

（4）业务外包

根据组织自身的情况，将较大范围的工作或业务承包给外部的组织去完成。通过外包，组织可以将任务交给那些更有比较优势的外部代理人去做，从而提高效率，减少成本，减少组织内部对人力资源的需求。

（5）技术创新

组织可以通过改进生产技术、增添新设备、调整工作方式等，以提高劳动生产率，比如企业引进机器人参与生产流水线工作，可以大大降低对人力资源的需求；还比如企业使用计算机信息系统来管理企业的数据库，企业的工作流程必定会简化，人力资源的需求也会随之减少。

2. 预期人力资源过剩时的政策

（1）提前退休

组织可以适当地放宽退休的年龄和条件限制，促使更多的员工提前退休。如果将退休的条件修改得足够有吸引力，会有更多的员工愿意接受提前退休。提前退休使组织减少员工比较容易，但组织也会由此背上比较重的包袱。另外，退休也可能受到政府政策法规的限制。

（2）自然减员

自然减员指的是，当出现员工退休、离职等情况时，对空闲的岗位不进行人员补充而达到自然减少员工的目的。这样做可以通过紧张的气氛减少组织内部的人员供给，从而达到人力资源供求平衡的状态。

（3）临时解雇

临时解雇指的是，企业的一部分员工暂时停止或离开工作岗位，企业这段时间里不向这部分员工支付工资的行为。企业的经营状况改善后，被临时解雇的员工再重新回到企业工作。如果企业所处的行业经济态势遭受周期性下滑时，临时解雇是一种合理的缩减人员规模的策略。

（4）裁员

裁员是一种最无奈，但最有效的方式。组织一般会裁减那些主动希望离职的员工和工作考核绩效低下的员工。要注意的是，即使在西方市场经济国家，采取这种方法也是十分谨慎的，因为它不仅涉及员工本人及其家庭的利益，而且也会对整个社会产生影响。进行裁员时，企业除了要遵守劳动法律法规对企业裁员的规定外，还要做好被裁员工离职的后续安抚工作。

（5）工作分担

工作分担指的是，由两个人分担一份工作，比如一个员工周一至周三工作，另一个员工周四至周五工作。这种情况一般是由于企业临时性的经营状况不佳，在不裁员的情况下实行工作分担制，待企业经营状况好转时，再恢复正常的工作时间。

（6）重新培训

当企业人力资源过剩时，企业组织员工重新进行培训，可以避免员工因为没有工作做而无所事事，待企业经营状况好转或经营方向转变时，能够有充分的人力资源可以利用。预期人力资源过剩时的政策在实际的使用过程中，其解决问题的程度和员工受到伤害的程度也不一样。例如，裁员比自然减员解决问题的速度要快得多，但对员工来说，裁员带来的经济和心理方面的损害要比自然减员严重得多。

3. 预期人力资源总量平衡而结构不平衡时的政策

人力资源总量平衡而结构不平衡是指，预测未来一定时期内企业人力资源的总需求量与总供给量基本吻合，但存在着某些职位的人员过剩，而另一些职位的人员短缺，或者某些技能岗位的人员过剩，而另一些技能岗位的人员短缺等情况。对这种形式的人力资源供求失衡，企业可以考虑采用以下政策和措施进行调节。

（1）通过企业人员的内部流动，如晋升和调任，以补充那些空缺职位，满足这部分人力资源的需求。

（2）对过剩的普通人力资源，进行有针对性的培训，提高他们的工作技能，使他们转变为企业短缺岗位上的人才，从而补充到空缺的岗位上去。

（3）招聘和裁员并举，补充企业急需的人力资源，释放一些过剩的人力资源。

# 第三节 人力资源规划的执行与控制

## 一、人力资源规划的执行

人力资源规划过程中所制定的各项政策和方案，最终都要付诸实施，以指导企业具体的人力资源管理实践，这才是完整的人力资源规划职能。

1. 规划任务的落实

人力资源规划实施的成功与否取决于组织全体部门和员工参与的积极性。因此，通过规划目标和方案的分解与细化，可以使每个部门和员工明确自己在规划运行过程中的地位、任务和责任，从而争取每个部门和员工的支持而顺利实施。

（1）分解人力资源规划的阶段性任务

通过设定中长期目标，可以使人力资源规划目标具体到每一阶段、每一年应该完成的任务。同时，企业必须定期形成执行过程进展情况报告，以确保所有的方案都能够在既定的时间执行到位。

（2）人力资源规划任务分解到责任人

人力资源规划的各项任务必须由具体的人实施，使每一个部门和员工都能够了解本部门在人力资源规划中所处的地位、所承担的角色，从而积极主动地配合人力资源管理部门。现代人力资源管理工作不仅仅是人力资源管理部门的任务，也是各部门经理的责任，人力资源规划也是如此，人力资源规划应由具体的部门或团队负责。人力资源规划可以考虑以下几种方式：

1）由人力资源部门负责办理，其他部门与之配合；
2）由某个具有部分人事职能的部门与人力资源部门协同负责；
3）由各部门选出代表组成跨职能团队负责。

在人力资源规划的执行过程中，各部门必须通力合作，而不是仅靠负责规划的部门推动，人力资源规划同样是各级部门管理者的责任。

2. 资源的优化配置

企业人力资源规划的顺利实施，必须确保组织人员（培训人员和被培训人员）、财力（培训费用、培训人员脱岗培训时对生产的影响）、物力（培训设备、培训场地）发挥最大效益。这必须对不同的人力资源进行合理配置，从而促进资源的开发利用，并通过规划的实施使资源得到优化配置，提高资源的使用效率。

## 二、人力资源规划实施的控制

为及时应对人力资源规划实施过程中出现的问题，确保人力资源规划的正确实施，有效避免潜在的劳动力短缺或劳动力过剩现象，组织需要有序地控制人力资源规划的实施进程。

1. 确定控制目标

为了对规划实施过程进行有效控制，首先需要确定控制的目标。设定控制目标时要注意：控制目标应既能反映组织总体发展战略目标，又能与人力资源规划目标对接，反映组织人力资源规划实施的实际效果。在确定人力资源规划控制目标时，应该注意控制一个体系，该体系通常由总目标、分目标和具体目标组成。

2. 制定控制标准

控制标准是一个完整的体系，包含定性控制标准和定量控制标准两种。定性控制标准必须与规划目标相一致，能够进行总体评价，如人力资源的工作条件、生活待遇、培训机会、对组织战略发展的支持程度等；定量控制标准应该能够计量和比较，如人力资源的发展规模、结构、速度等。

3. 建立控制体系

有效地实施人力资源规划控制，必须有一个完整、可以及时反馈、准确评价和及时纠正的体系。该体系能够从规划实施的具体部门和个人那里获得规划实施情况的信息，并迅速传递到规划实施的管理控制部门。

4. 衡量评价实施成果

该阶段的主要任务是将处理结果与控制标准进行衡量评价，解决问题的方式主要有：一是提出完善现有规划的条件，使规划目标得以实现；二是对规划方案进行修正，当实施结果与控制标准一致时，无须采取纠正措施；实施结果超过控制标准时，提前完成人力资源规划的任务，应该采取措施防止人力资源浪费现象的发生；当实施结果低于控制标准时，需要及时采取措施进行纠正。

5. 采取调整措施

当通过对规划实施结果的衡量、评价，发现结果与控制标准有偏差时，需要采取措施进行纠正。该阶段的主要工作是找出引发规划问题的原因，如规划实施的条件不够，实施规划的资源配置不够等，然后根据实际情况做出相应的调整。

## 三、人力资源信息系统的建立

人力资源规划作为一项分析与预测工作，需要大量的信息支持。有效的信息收集和处理，会大大提高人力资源规划的质量和效率。因此，企业进行人力资源信息管理工作具有重要的意义。

## （一）人力资源信息系统概述

### 1. 人力资源信息系统的概念

人力资源信息系统（human resource information system，HRIS）是企业进行有关员工的基本信息及工作方面的信息收集、保存、整理、分析和报告的工作系统。它为人力资源管理决策的制订和实施服务提供重要依据，对人力资源规划的制订非常重要。另外，人力资源规划的执行同样离不开人力资源信息系统。

随着企业人力资源管理工作的日益复杂化，人力资源信息系统涉及的范围越来越广，信息量也越来越大，并与企业经营管理其他方面的信息管理工作相联系，成为一个结构复杂的管理系统。企业的人力资源信息系统主要有两个目标：第一个目标是通过对人力资源信息的收集和整理，提高人力资源管理的效率；第二个目标是有利于人力资源规划。人力资源信息系统可以为人力资源规划和管理决策提供大量的相关信息，而不是仅仅依靠管理人员的经验和直觉。

### 2. 人力资源信息系统的内容

（1）完备的组织内部人力资源数据库。该数据库包括企业战略、经营目标、常规经营信息，以及组织现有人力资源的信息。根据这些内容，可以确定人力资源规划的框架。

（2）企业外部的人力资源供求信息和影响这些信息的变化因素。它们包括外部劳动力市场的行情和发展趋势、各类资格考试的变化信息、政府对劳动用工制度的政策和法规等。对这些信息的记录有利于分析企业外部的人力资源供给情况。

（3）相关的软硬件设施。它们包括专业的技术管理人员、若干适合人力资源管理的软件和计量模型、高效的计算机系统和相关的网络设施等。它们是现代化的人力资源信息系统的物质基础。

### 3. 人力资源信息系统的功能

（1）为人力资源规划建立人力资源档案。利用人力资源信息系统的统计分析功能，组织可以及时、准确地掌握组织内部员工的相关信息，如员工数量和质量、员工结构、人工成本、培训支出及员工离职率等，确保员工数据信息的真实性，从而有利于组织更科学地开发与管理组织人力资源。

（2）通过人力资源档案制定人力资源政策和进行人力资源管理的决策。例如，晋升人选的确定、对特殊项目的工作分配、工作调动、培训，以及工资奖励计划、职业生涯规划和组织结构分析等。

（3）达到组织与员工之间建立无缝协作关系的目的。以信息技术为平台的人力资源信息系统，更着眼于实现组织员工关系管理的自动化和协调化。该系统使组织各层级、各部门间的信息交流更为直接、及时和有效。

### （二）人力资源信息系统的建立

1. 对系统进行全面的规划

首先，要使企业的全体员工对人力资源信息系统的概念有一个充分的了解，保证人力资源管理部门对人力资源管理流程有一个清晰完整的把握；其次，考虑人事资料的设计和处理方案；最后，做好系统开发的进度安排，建立完备的责任制度和规范条例等。

2. 系统的设计

人力资源信息系统的设计包括分析现有的记录、表格和报告，明确对人力资源信息系统中数据的要求；确定最终的数据库的内容和编排结构；说明用于产生和更新数据的文件保存与计算过程；规定人事报告的要求和格式；决定人力资源信息系统技术档案的结构、形式和内容；提出员工工资福利表的形式和内容要求；确定企业其他系统与人力资源信息系统的接口要求。需要单独强调的是，在进行人力资源信息系统设计时，必须考虑该企业的发展对系统的可扩展性和可修改性的要求。

3. 系统的实施

考察目前及以后系统的使用环境，找出潜在的问题；检查计算机硬件结构和影响系统设计的软件约束条件；确定输入/输出条件要求、运行次数和处理量；提供有关实际处理量、对操作过程的要求、使用者的教育状况及所需设施的资料；设计数据输入文件、事务处理程序和对人力资源信息系统的输入控制。

4. 系统的评价

应从以下几个方面对人力资源信息系统进行评价估计：改进人力资源管理的成本；各部门对信息资料要求的满足程度；对与人力资源信息系统有关的组织问题提出建议的情况；机密资料安全保护的状况。

## 四、大数据下的人力资源管理

### （一）大数据概述

1. 大数据

大数据（big data，mega data），也叫巨量资料，指的是需要新处理模式才能具有更强的决策力、洞察力和流程优化能力的海量、高增长率和多样化的信息资产。在维克托迈尔·舍恩伯格及肯尼斯库克耶编写的《大数据时代》一书中，大数据处理方式不采用随机分析法（抽样调查），而采用所有数据进行分析处理的数据处理方式。大数据具有4V特点：Volume（大量）、Velocity（高速）、Variety（多样）、Value（价值）。可以说，大数据开启了一个重大的时代转型，已经成为当今重要的社会资源及推动经济社会发展的动力源泉。完整地把握大数据的含义对企业人力资源的变革具有重要的理论指导意义。

2. 大数据的"价值"

大数据最核心的价值在于它对数据进行存储和分析。与现有的其他技术相比较而言，大数据所具有的"廉价、迅速、优化"这三方面的综合成本是最优的。大数据的价值一般须经过记录、存档、纠偏、预测等几个方面来体现。

（1）记录原始数据

"大数据"的提出，离不开数据。大数据涵盖人们生活中的方方面面，在人类社会早期，因缺乏各种数据记录的意识或者载体，很多重要的数据缺失了。因此，记录人类一切的生产和生活行为，为对人类的一切活动的分析提供海量数据支持是大数据的第一价值。

（2）数据存档

简单的数据记录，只是记录人类生存发展过程中的一些零散的"文字"和"代表符号"。要想使记录的数据"说话"，还需要我们对数据进行整理，进行系统存档，这样才能使零散的"文字"和"代表符号"组成连贯的句子，能够让所有的数据一目了然，这样才能让我们对人们的生产和生活行为有系统的认识，从而有助于我们解决生活中的问题。

（3）纠正偏差

"大数据"将我们的行为和动作都数据化了。在对被记录数据化的行为和动作进行分析和思考的基础上，大数据可以帮助我们找出自己的动作和行为与预期目标存在的偏差，然后对自己过去的动作和行为进行调整，从而让自己的动作和行为与自己的目标一致。

（4）科学预测

预测（forecasting）是预计未来事件的一门艺术、一门科学。它指的是采集历史数据并采用某种数学模型来外推与预测将来。在对数据进行系统记录的基础之上，大数据技术能够对数据化的人类行为进行科学的解读和测算。

（二）大数据时代下人力资源管理的发展趋势

人力资源管理中也存在着大量的数据，包括员工个人资料、员工考勤记录、企业的信息传递过程、业务流程及企业的结构规模等。但是，现阶段我们对这些数据的利用还不充分，会忽视某些重要数据的作用。因此，我们应建立系统化、规范化的数据管理系统，用数据支撑人力资源管理，以做出科学的决策。

在现阶段的人力资源发展中，存在着诸如人岗非精准匹配、考核难以量化、人力资源规划与社会发展趋势结合不紧密、人才流失现象频现、培训激励非定制化、人力资源决策定性比重过大等问题。这些问题的解决都依赖于对大数据的应用。

1. 人力资源管理忽视数据的价值

在企业的人力资源管理部门，HR在履行职能时会处理各种类型的数据，且在他们工作的同时也会产生新的数据。但是，我们通常缺乏对这些数据的敏感性，忽视这些数据的价值。明明可以在对全部有用的数据信息进行定量分析的基础上做出决策，我们却总是忽视一些有用的信息的记录，凭主观经验进行决策。

2. 人力资源管理模式落后

在信息化不断加强的社会里，人力资源管理与时俱进，先后经历了商务软件应用阶段、ERP应用阶段等阶段。但是，对最新出现的大数据、互联网+、云计算等概念很多人就跟不上节奏了。在大数据涵盖社会各方面的当下，"大数据之花"显然还没有在人力资源管理领域生根发芽。

3. 数据的分析预测能力薄弱

现阶段的人力资源管理的数据管理只停留在记录、存档的基础上，在数据分析、科学预测等方面的功能还很落后。进行人力资源需求预测时，定性方法有经验预测法、描述法、德尔菲法等；定量方法有转换比率法、人员转换法、趋势外推法、回归分析法、经济计量模型法、灰色预测模型法、生产模型法、马尔科夫分析法、定员定额分析法和计算机模拟法。方法很多，但定性方法缺乏科学性，定量方法在具体操作上存在很大难度，预测效果并不好，因此如何实现趋势预测与现实的高拟合度是当下研究的热门问题。

### （三）基于"大数据"的人力资源六大模块

1. 人力资源规划

企业的人力资源规划对满足企业总体发展战略、促进人力资源管理活动的开展、协调人力资源管理的各项计划以及使组织和个人发展目标一致有重要的作用。在人力资源规划中，人力资源的需求与供给的平衡问题是一个难题。对人力资源的需求和供给进行预测的方法很多，但都存在定性大于定量、预测不准确等问题。所以，在企业内建立人力资源信息时，需要对每个进入企业的员工的基本信息、行为表现、工作态度、绩效结果、管理能力等各方面进行记录，然后运用大数据思维对这些数据进行系统的分析、预测。

2. 招聘与配置

人力资源招聘与配置要解决的事就是把合适的人放在合适的位置上。首先，我们要收集员工的各种相关信息和数据，然后运用这些数据分析其工作能力、行为特征、胜任力等，预测其可能胜任的岗位；其次，要对招聘岗位的任职资格，任职要求的相关数据进行分析；最后，将前两者分析的结果进行匹配，实现人岗匹配。

3. 培训与开发

要做好员工的培训与开发，首先要了解员工的培训需求。

应对员工工作过程中的相关数据进行分析，了解员工与岗位要求存在的差距；再对这些存在的差距进行分析，确定明确的培训方案。在此过程中，需要对员工工作过程中产生的数据进行详细的梳理、分析，同时也要对培训管理部门在培训过程中的数据进行记录和考核，从而提高培训部门的培训能力。

4. 绩效管理

绩效管理的主要目的是对员工进行绩效考核。现阶段的绩效考核一直停留在找差距、纠正偏差、定薪酬、定等级等方面，并没有对员工的考核数据进行连续的统计和整理。应将这些考核的数据记录在案，以便在后期考核过程中纵观员工的成长。

5. 薪酬管理

薪酬管理的过程中要兼顾公平性、竞争性、激励性、经济性和合法性。在对企业财务状况、人力资源规划、企业的薪酬预算、市场薪酬水平等各方面的数据进行分析时，离不开大数据。最重要的是，要用动态的眼光看待企业的薪酬，用大数据来预测企业总体的薪酬趋势。

6. 劳动关系管理

劳动关系看似与大数据联系不大，但劳动关系中蕴含着很多重要的数据，如试用期、基本工资、薪酬的支付方式、员工与企业纠纷的次数、员工的劳动合同解除率等。对于劳动关系，要用大数据的思维去看待，在企业与员工劳动关系存在期间内的任何数据都应该记录下来，并对它们进行分析。

# 第三章　员工招聘

在人类所拥有的一切资源中，人力资源是第一宝贵的资源。不断提高人力资源开发与管理水平，不仅是当前发展经济、提高市场竞争力的需要，也是一个国家、一个民族、一个地区、一个企业长期兴旺发达的重要保证。而员工招聘是确保人力资源管理工作发挥最大效力的关键环节。基于此，本章对员工招聘展开讲述。

## 第一节　员工招聘概述

### 一、员工招聘的含义

员工招聘是企业根据人力资源规划和工作分析的数量和质量要求，通过信息发布和科学甄选，选拔岗位所需的人力资源的过程。

员工招聘工作的基础是人力资源规划与工作分析。人力资源规划对企业人力资源需求和供应进行分析和预测，为招聘提供"量"的要求，从而确定配备、补充或晋升的规模。岗位工作分析则明确该岗位的职责、工作任务、工作关系等，以及什么样素质的人才能胜任这一岗位，即任职资格。它为招聘提供"质"的要求，从而明确谁适合该岗位。因此，人力资源规划的结果能够确定组织究竟缺哪些岗位，而岗位/工作分析的结果，能够使管理者了解什么样的人应该被招聘进来填补这些空缺。

员工招聘实际上主要包括两个相对独立的过程，即招募和甄选（选拔）。招募主要是通过宣传来扩大影响，树立企业形象，以达到吸引人才前来应聘的目的；而甄选则是使用各种技术测评手段与选拔方法挑选合适员工的过程。

### 二、员工招聘的意义

招聘是在合适的时间为合适的岗位寻找到合适的人选。员工流动、人岗匹配度及组织业务变更等多重问题的存在，让招聘工作从没停止过。

### （一）补充人员，保证企业正常经营

招聘活动最主要的作用就是通过一系列活动为组织获得所需要的人力资源。在人力资源规划中，解决人力资源短缺问题的重要解决办法就是招聘。随着组织的不断发展壮大，对更新人力资源和新增人力资源的需求必然产生。因此，通过招聘满足组织的人力资源需求已经成为十分重要的人力资源管理活动。当前，有些企业的人力资源部门日常的主要工作就是招聘。

### （二）获取高质量的人才，提升组织竞争力

现代企业的成功更多地依赖于管理企业商业运作员工的质量与能力，这意味着企业拥有员工的质量在绝大程度上决定着企业在市场竞争中的地位。招聘工作就是企业通过甄别、筛选，最后获得高质量人才的最佳途径。有效的招聘工作，不仅有助于企业经营目标的实现，还能加快人才集聚，打造企业核心竞争力。

### （三）促进组织人力资源的合理流动

组织的招聘活动不仅可以为组织获取合适的人力资源，同时还可以通过内部招聘活动解决组织员工晋升及横向流动问题，促进组织人力资源合理流动，提高人岗匹配度。

### （四）宣传企业，树立企业形象

员工招聘过程中所运用的大量招聘广告，能使外界更多地了解组织，从而提高组织的知名度。也正因为员工招聘广告有此功能，所以许多组织打出招聘广告，并在其中不失时机地宣传本组织。组织经常利用招聘活动提高企业及企业产品的知名度与美誉度。

## 三、员工招聘的工作流程

为有效地开展招聘工作，提升招聘效果，招聘活动一般应按如下流程开展：制订招聘计划、招聘实施、招聘评估。

### （一）制订招聘计划

招聘计划是关于招聘工作的整体安排和方案。一般最终以计划书文本的形式载明计划期内的招聘目标（很多组织的进入计划）、招聘组织与人员、招聘范围、招聘时间、招募方式、选拔方式、政策待遇、时间进度、预算等。

1. 确定招聘目标

招聘目标是对招聘工作结果的要求。其内容一般是为组织招聘多少人，招聘什么样的人。招聘目标来源于人力资源规划书，所以可以通过查阅组织的人力资源规划书来确认。如果没有人力资源规划书或者人力资源规划工作不完善，就需要广泛收集各

类信息，对人力资源需求和供给进行预测，最终确认人力资源短缺状况，并以此作为员工招聘的目标。招聘目标应确定具体需要招聘人员的数量及其资格条件等。

2. 招聘组织人员

招聘人员应具备招聘与选拔相关知识及面试、人员测评的技能技巧，对招聘岗位的工作内容及任职要求较为熟悉。另外，企业招聘也是对外宣传的途径，因此，组织的招聘人员应具有良好的个性修养。综上所述，招聘工作组一般要以人力资源管理部门为主，成员包括人力资源部门管理人员和专员、用人部门的管理人员、外聘专家等。用人部门的管理人员较为了解招聘岗位的工作内容及任职要求，但缺乏招聘知识及技能技巧。因此，一般情况下，企业的人力资源部门或外聘专家需要对用人部门参与招聘的人员进行招聘知识与技能技艺培训。

3. 招聘范围

招聘范围指企业要在多大范围内进行招聘活动，是仅限于组织内部，还是外部；是面向本地区，还是更大的范围。从招聘效果考虑，招聘范围越大，可选择余地越大，效果相应也会越好；但招聘范围越大，招聘工作量就会越大，招聘成本也会越大，因此招聘范围应适度。通常来说，组织招聘先从内部开始，当组织内部没有合适人选或组织人员较短缺时，组织会考虑从外部招聘。另外，对不同类型的人员，招聘的范围也不同。

在进行外部招聘时，通常要考虑两个因素：一是空缺职位的类型。一般来说，层次较高或性质比较特殊的职位，需要在较大的范围内进行招聘；而层次较低或比较普通的职位，在较小的范围内进行招聘即可。二是企业当地的劳动力市场状况，如果当地的劳动力市场比较紧张，相关职位的人员供给比较少，招聘的范围就要扩大；相反，当劳动力市场比较宽松时，在本地进行招聘就可以满足需求。

一般情况下，对高级管理和技术人员，倾向于在全国范围或全球范围内招聘人才；对一般管理人员和专业技术人员，一般会在跨地区（如华北地区）的人才市场上招聘；而对一般的职员及操作人员，常在企业所在的劳动力市场进行招聘。

4. 招聘时间

招聘工作的时间选择要能保证新聘人员准时上岗，同时减少人员的闲置。招聘时间的选择一般要考虑用人日期、招聘周期、培训周期，即：

招聘日期 = 用人日期 – 培训周期 – 招聘周期

同时，要考虑招聘成本及培训成本的规模经济效用，即一次招聘人数越多，招聘成本及培训成本的平均成本越低。因此，招聘常结合用人日期分批进行。

5. 招募方式

招募是招聘的一个具体环节，是指将组织的人力资源需求传播出去并接受应聘的工作。对内招募的信息发布可以通过文件、公告及组织内部网络发布，对外招募信息的发布需要结合招聘的人数、招聘范围及招聘人员的特点选择合适的方式发布人力资源需求信息，如报纸广告、网络、人才市场、猎头公司、内部员工等。

6. 选拔方式

选拔方式指的是，用恰当的方式淘汰不合格者和选拔录用符合要求的人。选拔方式一般包括初选（筛选简历和应聘材料）、笔试、面试、测评、评价中心技术等。在选拔方式的顺序安排上，一般将成本低、效率高的选拔方式（如初选、笔试）安排在前期，将操作难度大、效率低的（如面试）放在后期。

7. 招聘中的组织宣传

在招聘过程中，组织必须利用招聘机会进行组织形象或者声誉的宣传，一方面要通过树立组织良好的形象来吸引求职者；另一方面，也要通过招聘过程更好地树立组织形象。

在进行招聘宣传时，应该向求职者传递准确、有效的组织信息。一般来说，职位薪水、工作类型、工作安全感等是影响人们选择工作职位和工作单位最重要的因素；其次为晋升机会、组织的位置等。此外，组织的产品与服务、组织的管理方式、组织文化、工作条件、工作时间等也是不可忽视的因素。组织应该以诚信的态度传递招聘信息。

8. 其他流程

其他流程包括政策待遇、时间进度、预算等。

政策待遇一般包括工资待遇、福利项目、能接受的培训、可晋升的职位等。

预算指的是，招聘过程中的各项支出预算，如广告费、差旅费、工作人员补贴及加班费、专家费、参会费、体检费、中介费等。

### （二）招聘实施

1. 招募

招募指的是，根据招聘来源设计和发布招聘广告、组织现场招聘、接收应聘材料。

2. 选拔（甄选）

选拔指的是，采用笔试、面试、心理测验等方法挑选最适合组织需要的人的过程。

选拔一般从审查求职申请表、了解个人简历、进行初选开始，然后进行知识或技能测试、面试、心理测验与品行能力检查、体检等。

3. 录用

录用包括做出聘用决定、发录用通知、签订劳动合同及试用期管理等。

### （三）招聘评估

招聘评估指的是，对招聘工作的合法性、准确性、经济性进行评价。

1. 合法性评估

合法性指的是，要求招聘工作要符合国家的有关法律、政策和本国利益。招聘工作涉及要保护组织自身权益的问题，也涉及尊重和保护求职者权益的问题，应坚持中国宪法法律确立的一系列原则，如平等就业、相互选择、公平竞争、禁止未成年人就业、照顾特殊人群、先培训后就业、不得歧视妇女等，并按照法律的规定主张自身权利和自觉履行义务，如订立劳动合同、应承担违约责任等。

2. 准确性评估

组织应确保录用人员在数量和质量上都符合招聘目标。

录用人员数量评估主要从录用率、招聘完成率和应聘率三方面进行。

录用率 = 录用人数 / 应聘人数 ×100%

招聘完成率 = 录用人数 / 计划招聘人数 ×100%

应聘率 = 应聘人数 / 计划招聘人数 ×100%

录用率越小，则说明录用者的素质可能越高。如果招聘完成率大于100%，则说明在数量上全面完成招聘任务。应聘率越大，则说明招聘信息发布的效果越好。

录用人员的质量评估，可以通过将录用人员能力、潜力、素质与资格要求来对比评价，也可以通过对录用人员任职绩效的考核来评价。

3. 经济性评估

招聘工作要求有更高的投入产出比。

招聘成本越低越好。招聘成本分为招聘总成本与招聘单位成本。招聘总成本即人力资源的获取成本，它由两部分组成。一部分是直接成本，它包括：招聘费用、选拔费用、录用员工的家庭安置费用和工作安置费用、其他费用（如招聘人员差旅费、应聘人员招待费等）；另一部分是间接费用，它包括：内部提升费用、工作流动费用。很显然，招聘总成本与招聘单位成本越低越好。招聘单位成本即人均招聘成本，可通过以下公式计算：人均招聘成本 = 招聘总成本 / 招聘人数。

# 第二节　员工招募

企业招募渠道有两个，即外部招募与内部招募。企业在进行员工招募时往往两个渠道相结合，为组织获取人员提供支持与保障。

# 一、内部招募来源及方法

## （一）内部招募来源

### 1. 内部提升

内部提升指企业内部的高层职位是由从内部晋升上来的人填补的，而不是由外部招募来的人填补的。

### 2. 工作调换或轮岗

工作调换或轮岗是指职务级别不发生变化，工作的岗位发生变化，属于平调。工作调换的主要目的在于填补空缺，多是长时间的调换。轮岗（工作轮换）可以解决员工工作枯燥、缺乏变化和挑战的弊端。另外，工作轮换还可以让员工掌握更多不同的工作技能以提高对环境的适应能力。因此，工作轮换也常常与培养员工多样化的工作技能结合在一起，也被称为交叉培训法。

### 3. 内部人员重新聘用

内部人员重新聘用是指将临时解雇或退休、离职的人员再招回来工作。

### 4. 临时员工转正

组织中聘用的临时人员也有符合所需岗位要求的，可以考虑将临时人员转成正式员工以长期使用。

## （二）内部招募的方法

### 1. 推荐法

推荐法可用于内部招聘，也可用于外部招聘。这样做，成功的概率较大。企业内部最常见的推荐法是主管推荐。其优点在于主管一般比较了解潜在候选人的能力，由主管提名人选具有一定的可靠性。

### 2. 公告法

向全体员工通告组织的空缺职位及其数量，包括相应职位的任职要求、工作内容、工作地点、工作职责等。

### 3. 档案记录法

档案记录法指的是，结合员工的档案，把员工的各种教育、培训、经验、技能、绩效等方面的信息进行查阅，找到适合企业所需要的人才。员工档案也可以起到晋升、培训、发展的重要作用。我们所说的档案指的是人力资源管理信息系统，并非个人档案。

## 二、外部招募的来源与方法

### (一)外部招募的来源

如果没有适宜的内部应聘者,或者内部人力不能满足招聘人数,就需由外部招聘。相比内部招聘,外部招聘的来源比较多,可以大致分为以下几种。

1. 在校学生

学校是组织招聘初级岗位的重要来源。组织往往从职业学校中招聘办事员或其他初级操作性员工。例如,许多家用电器修理、小机械装配、服务礼仪等专业职业学校,都可以给企业提供合格的初级员工,有些公司甚至与职业学校合作,以保证这种经过培训并且具有特殊工作技能员工的供应;在大学里,组织往往可以发现潜在的专业人员、技术人员和管理人员。由于从校园招聘对企业和大学双方都有益,因此双方都采取一定的措施来发展和保持密切的联系。目前,很多企业都会派招聘人员去学校进行招聘宣传和筛选工作。有些企业还通过设立奖学金,提供实习、勤工俭学的机会等方法吸引毕业生加入它们的组织。

倾向于从学校招聘员工的组织往往具备很好的培训体系,不强调新员工的社会经验和工作经验;另外,对那些十分强调培养独特组织文化的企业来说,没有在其他企业中长期服务过的毕业生也比较容易被塑造和培养。

2. 竞争对手或其他公司

对一个要求具有近期工作经验的职位来说,其竞争对手和同一行业中的其他公司可能是一个较好的招聘来源。随着人员的流动性日益加大,这个渠道越来越显示出其重要性。对那些没有能力提供完备的培训过程的小公司来说,它们更加注重寻求那些受过大公司良好培训的员工。

3. 失业者/下岗人员

失业者/下岗人员也是重要的招聘来源。许多合格的求职者由于不同的原因加入失业队伍中,例如,公司破产、削减业务或被其他公司兼并,都使许多合格的员工失去了工作。这些员工往往薪酬要求不高,有利于企业节约人力资本。另外,由于这些人经历过失去工作的痛苦,因此他们重新就业后会更珍惜现有的工作机会,工作努力程度比较高,对企业的归属感也比较强。

4. 退伍/转业军人

退伍/转业军人往往具有明确的目标和团队取向,有高度责任感和纪律性,并具备优秀的身体素质和道德品质。对那些强调全面质量管理和组织忠诚度的企业来说,这是一个很好的员工来源。

5. 老年人

那些已退休的老工人也是一个宝贵的员工来源。由于老年人具有丰富的社会经验，较为稳重和可靠，他们可以弥补年轻员工的经验不足。此外，由于老年人的生活压力比较小，因此他们对薪资待遇的要求并不是很高。曾有调查显示，大多数组织对老工人评价很高，因为他们具有良好的知识、技能职业道德、忠诚感。

6. 个体劳动者

最后，个体劳动者也是一个良好的潜在招聘来源。对要求具备公司内部技术、专业、管理或企业专门知识的各种工作来说，这些人也构成求职者的来源。

## （二）外部招募的方法

外部招聘的方法比较多，企业常用的有以下几种。

### 1. 媒体广告

媒体广告是企业在外部招聘中最经常使用的手段。这种方法的优点是信息面大、影响广，可吸引较多的应聘者。广告已简略介绍了企业的情况，因此应聘者已对组织有所了解，从而减少了应聘过程中的盲目性。缺点是广告费昂贵，招聘成本比较高。使用广告招募人员主要需要考虑两个方面的问题：一是媒体选择，二是广告内容设计。

（1）招聘广告设计原则

招聘广告的设计应当遵循以下四个原则（AIDA）：

吸引注意（Attention），即广告要引起人们的注意。因为多数媒体上的广告都是批量发布的，广告设计如果没有特色，就很容易被淹没在其他广告中而不能引起注意，所以醒目的字体、与众不同的色彩、显眼的位置等都是令组织的招募广告引人注目的方法。

激发兴趣（Interest），即广告要激起人们的兴趣。广告要通过具有煽动性的广告词引发求职者对该工作的兴趣。

创造愿望（Desire），即广告要唤起人们应聘的愿望。广告要考虑应聘者的需求，列举企业能够提供的条件，如工资、福利、职位、培训机会、住房条件、出国机会等，以激发求职者得到该工作的愿望。

促使行动（Action），即广告要能够促使人们采取行动。例如，广告既可以向应聘者提供联络方法，也可用一些具有吸引力的语言，如"今天就打电话吧""请尽快递交简历"等，促使应聘者迅速采取行动。

（2）招聘广告的内容

一般认为，招聘广告应该包括组织概况介绍、拟招聘岗位基本信息、任职资格要求、待遇、联系方式等几部分。

（3）招聘广告媒体的选择

各种媒体在传播信息方面具有自身的特点与适合的招聘目的，企业在选择时，需要综合考虑空缺岗位、广告价格、潜在应聘者所在的地域等多种因素来进行选择。

2. 职业介绍机构

职业介绍所和人才交流中心是提供招聘服务的专业性机构。这类机构往往承担两种角色，既为组织择人，也为求职者择业，是将合格的求职者与空缺的职位联系在一起的有效渠道。

通过职业介绍所和人才交流中心招聘，有如下优点：第一，作为专门机构，这类机构一般具有先进的技术和庞大的人才信息库。第二，专门机构作为中介人，可以保证雇佣方排除私人纠葛，可公事公办，依据标准招聘。第三，从这些机构可以直接获取应聘人的有关资料，如学历、经历、意愿等，可节省招聘时间。但是，这类渠道也存在一些不足：第一，有些职业介绍所或人才交流中心可能存在管理不够规范，人才库不全面等缺陷。第二，一般的职业介绍机构待业者多为劳动力市场需求过剩的岗位人员，难以招到优秀的人才。第三，企业需要付给这些机构一定的费用。

3. 猎头公司

猎头公司是帮助组织招募市场上比较紧缺的高级人才和尖端人才的专门性人员配置代理机构。与一般职业介绍机构的不同之处在于，猎头公司一般定位在对中、高层管理人员和高级技术人员的招募。其服务的一大特点是推荐的人才素质高，优质高效的人才库是猎头公司最重要的资源之一，对人才库的管理和更新也是他们的日常工作之一，而搜寻手段和渠道则是猎头服务专业性最直接的体现。猎头公司服务的另一大特点是费用比较高，收费标准常常是所推荐人才年薪的25%~35%。但是，如果把企业自己招聘人才的时间成本、人才素质差异等隐性成本计算进去，猎头服务或许不失为一种经济、高效的方式。

企业在利用猎头公司服务时，一方面要确保猎头公司准确地理解自己的需要，否则，浪费了时间，企业将比猎头公司的损失大；另一方面要注意在招募过程中可能会出现的劳动合同纠纷、商业秘密等问题，此类法律问题没有处理好可能给企业带来很大的麻烦。

4. 校园招聘

一般来说，学校的毕业生分配部门负责安排用人单位举办招聘会与学生会见，并提供合适的面试场所。与社会招聘相比，学校招聘有很多优点：应聘目标群明确，人员素质较高，可塑性强，应聘者的背景真实，可信度高，招募成本比较低，有助于宣传企业形象等；其不足之处在于只能在固定时间招聘，不能临时录用，并且相对于大企业，中小企业处于较为不利的位置。

5. 网络招聘

利用互联网进行招聘是一种发展最快的招聘方法。随着互联网的普及，网络招聘将会成为企业最主要的招募方法。

网络招聘有两大优点：一是节省时间。申请者可以通过发送电子邮件的方式对招募信息做出快速响应，招聘人员也可以快速安排有资格的候选人面试，或要求候选人提供其他材料。二是可以大大增加申请人的数量。因特网上开放的资源可以使大量候选人看到招聘信息，为雇主提供全球范围内进行人员配置的机会。但该方法也存在三大缺陷：一是可能导致组织得到过多的求职者回应，以至于被回复湮没。有研究发现，网上招聘增加了人力资源部门 1/3 的工作量。二是人力资源部门有可能劳而无功。因为很多人通过网络递交了个人简历，但他们可能并不想真正得到新的工作。三是有可能限制了低收入、低教育群体的访问。因为这些人寻找工作时很少上网。但不管怎样，随着互联网络的迅猛发展，网络招聘将成为企业招聘的主要手段之一。

6. 推荐

推荐招募主要通过企业的员工、客户以及合作伙伴等推荐人选。

推荐招募的主要优点在于对候选人了解比较准确，招募成本低。缺点是易造成招聘方与推荐方的心理负担，妨碍招聘中公平竞争、择优录用原则的实现。另外，容易形成裙带关系，给企业的管理带来麻烦。

推荐招募一般适用于关键岗位的急缺人员，专业技术人员、招聘人员较少时。

7. 实习生计划

实习生计划指的是，用为在校学生提供实习实践机会的方式进行应届毕业生招聘。实习生计划对企业和学生而言是一个双赢的计划，企业可以通过该计划培养"潜在员工"，为企业的发展注入新鲜、健康的血液；学生则可以开阔视野，锻炼实践能力，积累工作经验，提高社会适应能力，为未来走向社会打下很好的基础。但实习生计划仅能招聘在校未毕业的学生。

选择最佳的招聘方法的前提是熟知各种方法的优点与缺点。在进行选择时，企业应根据各种招聘方法的优缺点全面权衡，同时要充分考虑企业的自身条件，如知名度、经营规模、业务内容、招聘员工的类型及数量等因素。另外，还必须考虑应聘者可能的价值观念、职业观、就业观等。在对上述因素进行全面分析比较的基础上，选择适合本企业的招聘方法，才是较为稳妥的。

## 三、内部招募与外部招募的对比

### （一）内部招募的优点和缺点

内部招募的优点：能够鼓舞员工士气，防止人才外流；企业对员工较为了解，选择准确性高；员工对企业的情况比较熟悉，容易上手开展工作，需要的培训也比较少；

员工对企业的目标更有认同感，忠诚度高；节省招聘费用。

内部招募的缺点：相对于外部招募，内部招募可选择的人较有限；容易引起内部过度竞争；竞争失利员工的积极性可能会受到打击；可能会引起妒忌、攀比等心理问题，或引发拉帮结派等派生问题；容易产生操作不公，打击员工积极性；被提升的人会面临艰难的角色转换问题，特别是在过去的同事、朋友成为下级的情况下；最大的缺点是近亲繁殖，被提拔的人缺乏创造性。

### （二）外部招募的优点和缺点

外部招募的优点：人员选择范围广泛；外部招聘有利于带来新思想和新方法；大大节省培训费用；有利于企业的发展和创新，避免企业内部的近亲繁殖；有利于组织宣传，树立企业形象；产生鲶鱼效应、激发内部员工的斗志和潜能；有利于平息和缓和内部竞争者之间的紧张关系。

外部招募的缺点：外部招聘选错人的风险比较大；需要更长时间的培训和适应阶段；内部员工可能感到自己被忽视，影响内部员工的积极性；外部招聘可能费时费力；甄选时间较长，决策难度大；招聘成本较高；新员工角色进入慢，需要的适应性培训较长。

内部招募与外部招募各有优缺点，企业在选择招募渠道时要综合其利弊做出相应决策。一般情况下，企业会从内部开始招募，尤其是中基层管理人员。而以下情况更适合采用外部招募：补充初级岗位，获取现有员工不具备的技术，获得能够提供新思想且具有不同背景的员工。企业的高层管理人员招募方式往往采用内外部招募相结合的方式，而当企业需要改变经营现状时会倾向于外部招募方式。

# 第三节　人员选拔

选拔，也称甄选、筛选，其目标是从应聘的候选人中挑选出符合组织需要的人员。人员选拔是招聘工作中最关键的一步，也是技术性最强的一步。其主要方法是初步筛选、面试、测试及评价中心技术。

## 一、初步筛选

初步筛选一般在接受应聘材料以后很快完成。所以，筛选的要求是快速、准确、简单。为此，常用的初步筛选办法是利用手头的与应聘人员相关的书面材料对其中的客观信息进行分析和判断。

初步筛选的依据一般是掌握的书面材料。常用的书面材料有求职者自荐材料、职位申请书等，前者由求职者制作和填写，后者由组织制作求职者填写。二者内容相似，一般包括：个人识别信息，如姓名、年龄、性别、出生地、现工作单位、通信地址、电话号码、电子邮件信箱等；教育水平信息，如最高学历、毕业学校、专业、职称、外语水平、受过何种训练等；工作背景信息，如曾工作过的年限、单位、曾担任过的职位，有何工作经验和特长等；个人爱好信息，如个人兴趣爱好、业余生活等；其他信息，如家庭状况、应聘何种职位，以及企业需要了解的其他信息。

对各类书面材料的筛选办法基本相同。其中，求职者的自荐材料由求职者本人事先制作好、主动提交过来，往往可以用作人事决策的依据和证据。但是，比较可靠的信息，还应该是诸如学历、性别、年龄等此类客观的硬信息，那些主观自我陈述式信息，如自荐信等可以用来参考。职位申请书与自荐材料有很多相似之处，筛选方法也类似，这样就把在客观的"硬信息"方面不符合的人淘汰掉，让其他人进入后面的选拔程序。

## 二、面试

面试指的是，在特定的时间和地点，由面试考官和应聘者按照预先设计好的目的和程序，进行面谈、相互观察、相互沟通的过程。

面试能够客观地了解应聘者的业务知识水平、外貌风度、工作经验、求职动机、语言表达能力、反应能力、个人修养、逻辑思维能力、性格特征、承受压力的能力等。面试的应用是最普遍的。

### （一）面试的类型

1. 按面试所达到的效果分类，分为初步面试、诊断面试

（1）初步面试是用来增进用人单位与应聘者的相互了解的过程。重点在于让应聘者有机会对其书面材料进行补充。

（2）诊断面试是对经初步面试筛选合格的应聘者进行实际能力与潜力的测试。它侧重了解应聘者的表达能力、交际能力、应变能力思维能力、个人工作兴趣与期望等。

2. 按参与面试的人员来分类，分为个别面试、小组面试、集体面试

（1）个别面试（一对一）：面试人员与应聘者一对一，面对面地交谈。

（2）小组面试（多对一）：二三个人组成面试小组对各个应聘者分别进行面试。

（3）集体面试（多对多）：由面试小组对若干应聘者同时进行面试。由面试主考官提出一个或几个问题。应聘者在讨论中展现表达能力、思维能力、组织领导能力、解决问题的能力、交际能力等。集体面试更便于横向比较。

3. 按面试问题的结构化程度，分为结构化面试、非结构化面试和混合式面试

（1）结构化面试：该方式提前制定好所提问的全部问题，一一提问。面试问题之

间会有很强的逻辑关联,面试过程较为正式、严肃、规范。结构化面试的优点是效率较高,了解情况全面;缺点是程式化,不够灵活。

(2)非结构化面试:该方式随机发问,无固定的提问程式,主要靠考官现场发挥,因此随意性更大。非结构化面试可以有针对性,能了解特定情况,但往往缺乏全面性,效率较低。如果考官有很高的现场技巧,则会收到很好的效果。

(3)混合式面试:该方式是结构化面试与非结构化面试的结合,以取长避短。现实中的混合式面试大多是先结构化面试,后非结构化面试。

4. 按面试的组织形式来分类,分为压力面试、BD面试、情景面试

(1)压力面试是指有意制造紧张,以了解应聘者对压力的承受能力,在压力前的应变能力和人际关系能力。其方式多通过提出生硬的、不礼貌的问题故意使候选人感到不舒服,针对某一事项或问题做一连串的发问,打破砂锅问到底直至候选人无法回答。

压力面试题示例:

试题一:你的一位下属犯了错误,却恶人先告状,你的直接领导认为是你不对,要求你当众向该员工道歉并罚款200元,你会怎样应对?

试题二:你的领导要求你在3天内完成8篇稿子,并限制了最低字数,而你的最大能力只能完成4篇,你会怎么办?

试题三:这么简单的问题你都不会?

试题四:为什么下水道的井盖是圆的?

(2)BD面试,即行为描述面试(Behavior Description Interview)。该方式是基于行为的连贯性原理发展起来的,通过询问应聘者过去的工作经历,判断和预测其行为模式和未来绩效水平。

行为面试是一种可以有效排除个人的主观因素,以行为依据、以目标为导向的有效选才工具。行为面试通过面试者的行为描述来判断其背后的品行、思想,准确率较一般的面试方法要高。通过行为面试,能了解到应聘者的品行是否与岗位要求吻合,深入探索应聘者的动机和兴趣点。

行为面试示例:

试题一:你是否做过一些超出工作要求范围的工作?请举例说明。

试题二:请举一个由于你的努力而使一个项目或想法得以成功实施的例子。

试题三:请你谈谈你昨天向你们公司总经理辞职的经过。

(3)情景面试:又叫情景模拟面试或情景性面试等。它是结构化面试的一种特殊情况,其题目主要由一系列假设情景构成,通过评价应聘者在这些情况下的反映情况,对面试进行评价。

情景面试主要考查应聘者的思维灵活性与敏捷性、语言表达能力、沟通技能、处

理冲突的能力、组织协调能力、人际关系处理能力及对职位角色把握能力等。

情景面试示例：

试题一：假如你是饭店某部门经理，如果你的下属向你提了一个公关或业务上的建议，而你仔细考虑后觉得并不实用，你会怎样答复这位职员？

试题二：你新到一个部门，一天一个客户来找你解决问题，你努力想让他满意，可是始终达不到客户的要求。他投诉你们部门工作效率低。这个时候，你怎么做？

试题三：作为收银员，你多收了顾客钱或找错顾客的钱，你该如何处理？

案例一：某百货公司要聘请一位总经理。招聘方给三位候选者放了这样一段录像：上午9时30分，一家百货商场进来一位高个小伙子，他掏出100元买了一支3元钱的牙膏。

上午10时整，又进来一位矮个小伙子买牙膏。他掏出10元钱递给售货员，找钱时，他却说自己给的是张百元钞票，双方起了争执。商场总经理走过来询问。小伙子提高嗓门说："我想起来了，我的纸币上有2888四个数字。"售货员在收银柜中寻找，果真找到了这样一张百元钞票。录像结束，问题是：明知对方在欺诈，假如您是总经理，该如何应付？

## （二）面试程序

面试一般可分为三个阶段，即面试前的准备阶段、面试实施阶段和面试总结阶段。

### 1. 面试前的准备阶段

面试工作的顺利开展应以充分的准备为前提。一般情况下，面试前应做如下准备工作：首先，根据招聘岗位的任职要求，明确面试的目的，即对应聘者做哪些判断，是仪容仪表，还是沟通能力、专业能力等；其次，需要根据面试目的，选择面试人员和培训面试人员；再次，面试人员需要认真阅读应聘者的相关材料，设计面试提纲和结构化面试问题；最后，还需要确定面试的时间、布置面试现场和制作面试评价表。

### 2. 面试实施阶段

面试实施一般包括关系建立阶段、导入问题阶段、核心问题阶段和结束面试阶段四个环节。

面试的开始，即关系建立阶段，要努力创造一种轻松的面谈气氛，解除应聘者的紧张和顾虑。常用的方法有和应聘者寒暄、保持微笑和姿势放松等。

面试问题，一般先易后难，即先由容易的问题开始，即导入问题阶段。这些问题一般可以从简历中获取，比如，通常以自我介绍开始，以及大学所学课程介绍、个人兴趣爱好等常规问题，也可以提一些封闭性问题（只需回答是或不是）。

面试的核心问题阶段指的是，根据面试目的，组织要判断的核心内容，如专业能力、人格特征、团队精神和求职动机等。

面试人员与应聘者交流完相应的问题，无论应聘者是否适合其岗位，都应在友好的气氛中结束，并告知应聘者面试结果通知的时间及方式。

3. 面试总结阶段

面试交流完之后，面试人员应立即整理面试记录，并填写面试评价表，核对有关材料，做出总体评价意见。

### （三）面试的优点与缺点

1. 面试的优点

（1）方式灵活、适应性强

面试方式非常灵活，可以采用结构化面试，也可以使用非结构化面试，可以采用一对一的面试，也可以采用小组面试、集体面试，另外，还可以采用行为面试、情景面试等。面试既可以获得候选人仪容仪表方面的信息，也可以获得候选人语言表达、专业能力、人际能力和心理素质等多方面的信息，既可以用于基层工作人员的筛选，也可以用于高层管理人员、技术人员的筛选，适应性很强。

（2）信息具有复合性

面试是通过问答的形式进行交流的。在面谈中，面试人员除了根据应聘者的回答内容做出判断之外，还可以根据应聘者的体态语言做出判断。面试中的体态语包括手势、身势、面部表情、眼色和人际空间位置等一系列能够揭示内在意义的动作。这样，面试人员可以通过问、听、观等多种信息，对应聘者做出比较准确的判断。

（3）交流的直接互动性，可以双向交流

面试中，应聘者的回答及行为表现与面试人员的评判是相连接的，中间没有任何转换形式。面试中，面试人员与应聘者的接触、交谈、观察是相互的，是面对面进行的，应聘者没有时间充分思考后再作答，所以在一定程度上避免了回答的非真实性，效度较高。面试可以有效避免高分低能者或冒名顶替者人选。

2. 面试的缺点

面试的缺点主要表现在以下几个方面：一是花费时间相对较长。因为面试相比起笔试来说，不能同时大规模地进行，效率较低，花费的时间也较长。二是费用相对较高。因为面试可能会涉及面试人员的差旅费、专家培训费以及招待费等。三是主观性高。可能存在各种偏见，因为面试中接收的信息较多，受到的干扰也较多，加之面试评分标准往往也不够客观。四是面试结果不容易量化比较。

### （四）面试实施及提问技巧

1. 充分准备

要让面试顺利有效地进行，准备工作很重要。因此，在准备阶段，应明确面试目的、面试提纲、面试问题、评价标准和对面试人员进行培训等。

2. 多听少说

面试中尽量制造轻松的氛围。较多采用的是开放式提问，通过让应聘者多讲来了解应聘者。另外，面试人员通过多听少说，分析求职者回答了什么和怎么回答，进一步判断求职者的特征。再者，面试中的面试人员讲得多了容易暴露自己的观点和想法，应聘者了解你的倾向后，会迎合你，掩盖他们的真实想法。

3. 递进提问

递进提问反映了问题之间的紧密关联性。可以从求职者工作经历、技能、成果、工作动机和个人兴趣等相关问题和陈述中就某一方面的信息进一步提问，给应聘者更多发挥余地，能更加深入了解应聘者的能力和潜力。递进提问应先易后难、灵活提问，深入地了解应聘者。

4. 比较式提问

比较式提问是主考官要求应聘者对两个或更多的事物进行比较分析，以了解应聘者分析问题的能力。例如，"在以往的工作经历中，你印象最深的一件事情是什么？"

5. 举例提问

举例提问可以有效地设置行为和情景。通过回答，可以分析求职者解决实际问题的能力。例如，"领导请你协助处理一件很棘手的事情，你怎么处理领导交办的事情与自己手头的事情的关系？"

6. 非语言行为

非语言行为能够帮助判断候选人的情况，如坐姿笔直——自信、果断，抬一下眉毛——怀疑、吃惊，头无意识地微微摇动——说谎。

## 三、测试

测试，也称测评，是一种科学的测量方法。它通过调查、问卷、面谈、模拟、民意测验等多种综合的方法对人员的能力、性格、态度、素质、智力水平和工作绩效等进行综合评定。这种评定以定量和定性相结合为特征。

招聘测试有三种类型：一是能力测试，判断候选人是否能胜任应聘岗位；二是个性测试，判断候选人与应聘岗位是否匹配；三是职业兴趣测试，判断候选人与应聘岗位是否匹配。

### （一）笔试（测试的一种方法）

笔试（Written Test）是一种古老的人力资源测评方法。在招聘工作中，笔试是让应聘人员在事先设计好的试卷上笔答，然后根据应聘者解答的正确程度评定成绩的选拔方法。笔试可以有效测量应聘人的基本知识、专业知识、管理知识、综合分析能力、语言理解能力、文字表达能力、阅读能力、记忆能力等。这些能力是很多岗位上任职者的资格要求，所以，笔试的应用很广泛。另外，笔试的操作具有一次设计、多人同时使用、人均成本低等优点。因此，笔试一般放在选拔过程的前期使用。

笔试的优点：笔试一般设计的题较多，对知识考核全面，可以大规模进行，效率高，人均成本较低。与面试相比，应聘者心理压力较小，容易正常发挥。另外，笔试评分标准更明确，成绩评定较为客观。

笔试的缺点：不直观，不能全面考察求职者的工作态度、品行修养及组织管理能力、口头表达能力和操作技能。不能排除作弊和偶然性。

### （二）能力测试

能力测试用于衡量应聘者是否具备完成职位职责所要求的能力，一般包括知识测试、专业技能测试、智力测试及情商测试。

1. 知识测试

知识是以概念及其关系方式存储和积累下来的经验系统，是从事工作的最基本的基础之一。知识测试包括一般知识（常识性的，如计算机知识、数学知识、外语知识、语文知识）和专业知识（如营销知识考试、财会知识考试、法律知识）。知识测试多以笔试的形式进行。

2. 专业技能测试

专业技能是以动作活动的方式固定下来的经验系统，如汽车驾驶、车床操作、打字、演讲和营销等。专业技能测试多以技能操作测试的形式进行。

3. 智力测试

智力是指人认识、理解客观事物并运用知识、经验等解决问题的能力，包括记忆、观察、想象、思考和判断等。一般认为智力高的人学习能力强，创造力强。智力包括观察能力、记忆能力、想象能力、思维能力等。智力测试多通过算术、联想、推理、逻辑进行测试。常用的智力测量工具有斯坦福－比纳智力量表以及韦克斯勒成人智力量表等。

4. 情商测试

情商，即情绪商数（Emotional Quotient），简称EQ，主要是指人在情绪、意志、耐受挫折等方面的品质，反映的是个体的社会适应性。

最新研究显示，一个人的成功，只有20%归诸智商，80%则取决于情商。哈佛大学教授丹尼尔·戈尔曼表示："情商是决定人生成功与否的关键。"戈尔曼和其他研究者认为，这种智力由五种特征构成：自我意识、控制情绪、自我激励、认知他人情绪和处理人际关系。

自我意识（了解自我）的智力指的是，监视情绪时时刻刻的变化，能够察觉某种情绪的出现，观察和审视自己的内心世界体验的能力。它是情绪智商的核心，只有认识自己，才能成为自己生活的主宰。控制情绪（自我管理）的智力指的是，调控自己的情绪，使之适时适度地表现出来，即能调控自己的能力。自我激励的智力：能够依据活动的某种目标调动、指挥情绪的能力。它能够使人走出生命中的低潮，重新出发。

认知他人情绪的智力指的是，能够通过细微的社会信号，敏感地感受到他人的需求与欲望，认知他人的情绪的能力。它是与他人正常交往、实现顺利沟通的基础。

处理人际关系的智力指的是，调控自己与他人的情绪反应的技巧。

情商测试多通过量表的形式进行测试，也可以通过面试的形式进行测试。

### （三）个性测试

个性是指一个人具有独特的、稳定的对现实的行为方式。它具有整体性、独特性和稳定性等特点，主要用于判断候选人的个性特点。它包括个人的动机、爱好、兴趣、感情、态度、性格、气质和价值观等各种与社会行为有关的心理特质的总和。

个性对个体的职业成功来说是很重要的，它能渗透到所有的工作活动中，影响人们的行为方式、做事风格和工作绩效。

个性测验的主要方法有以下三种：一是自陈式量表法，如卡特尔16PF；二是投射测验，如句子完成法；三是笔迹测试。

#### 1. 自陈式量表法

自陈式量表法是被试对自己的人格特质予以评价的一种方法。自陈式量表通常也称为人格量表。由于自陈式量表所测量的是人格特质，因此在人格理论上是遵从特质论的。自陈式量表通常由一系列问题组成，每一个问题陈述一种行为，要求被试按照自己的真实情形来回答。常用的自陈式量表有卡特尔16PF、明尼苏达多相人格测验、MBTI职业性格测试等。

卡特尔16PF全称"卡特尔16种个性因素测验"。作为测量个性的工具之一，16PF被广泛应用于个性测评、人才选拔和职业咨询等领域，具有较高的信度和效度。该测验已于1979年引入国内并由专业机构修订为中文版。测验由187道题组成，每一人格因素由10~13道测试题组成的量表来测量，共16个分量表。16种因素的测试题采取按序轮流排列，以便于计分，并保持被试作答时的兴趣。每一个测试题有三个备选答案。

它从乐群、聪慧、敏感、独立、敢为、怀疑等16个相对独立的个性层面对被试进行描绘，根据不同因素的组合全面评价整个个性，能够预测被试的稳定性、承受压力能力和成熟度等，并可以了解被试者在心理健康、适应新环境、专业成就和创新能力等方面的表现。

2. 投射测验

"投射"这个词，在心理学上的解释，指的是个人把自己的思想、态度、愿望、情绪或特征等不自觉地反映于外界的事物或他人的一种心理作用。此种内心深层的反映，实为人类行为的基本动力，而这种基本动力的探测，有赖于投射技术的应用。

投射测验一般由若干个模棱两可的刺激组成，被试可任加解释，使自己的动机、态度、感情以及性格等在不知不觉中反映出来，然后由主试将其反映加以分析，就可以推出若干人格特性。常用的投射法包括词语联想法、句子完成法、绘图法、漫画测试法和照片归类法等。

（1）罗夏克墨渍测验

罗夏克墨渍测验由瑞士精神医学家罗夏克（1884～1922）于1921年设计的，共包括10张墨渍卡片，其中5张为彩色，另5张为黑白图形。施测时每次按顺序给被试呈现1张，同时问被试："你看到了什么？""这可能是什么东西？"或"这使你想到了什么？"允许被试转动图片，从不同的角度去看。此测验属于个别施测。施测时主试一方面要记录被试的语言反应，另一方面还要注意被试的情绪表现及伴随的动作。

（2）主题统觉测验

主题统觉测验（简称TAT）由美国心理学家莫瑞（H. Murray）编制。这种测验的性质与看图说故事的形式很相似。全套测验由30张模棱两可的图片构成，另有1张空白图片，图片内容多为人物，也有部分景物。不过，每张图片中至少有一人物。测验时，每次给被试1张图片，让他根据所看到的内容编出一个故事。故事的内容不加限制，但必须符合以下四点：一是图中发生了什么事情，二是为什么会出现这种情境，三是图中的人正在想些什么，四是故事的结局会怎样。

主题统觉测验的主要假定是被试在面对图片情境时所编出来的故事，常与其生活经验有联系。被试在编故事时，常常会不自觉地把自己隐藏或压抑在内心的动机、欲望以及矛盾穿插在故事中，进而把个人的心路历程"投射"出来。因此，通过分析被试编的故事，有可能对他的需要和动机做出决定。

投射测验的优点是弹性大，可在不限制被试的状况下，任其随意反应。由于投射测验使用墨渍图或其他图片，因而便于对没有阅读能力的人进行测验，进而推论其人格倾向。投射测验也有自己的问题：首先，评分缺乏客观标准，对测验的结果难以进行解释。同样的反应由于施测者的判断不同，解释很可能不一样。其次，这种测验对特定行为不能提供较好的预测。例如，测验结果可能发现某人具有侵犯他人的无意识欲望，而实际上，他却很少出现相应的行为。最后，由于投射测验适于个别施测，因而它需要花费大量的时间。这一点不如问卷法优越。

（3）句子完成法

句子完成法（简称SCT）是以未完成的句子作为刺激，让被试自由地给予语言反应来完成未完成的部分。依据被试的反应内容来推断受测者的情感、态度以及内心冲突等。

例如：

"我们的朋友……"

"我喜欢的……"

这种言语联想方法起源于德国，最初用于测查儿童的智能。后来，美国人使用这种方法测查人格。它使用比较方便，易于掌握，既可以施测于个人，也可以施测于团体。

3. 笔迹测试

常言道："字如其人。"笔迹学家认为，人的大脑与双手是息息相通的，书写运动像体态语言一样，是一个人个性和心态的自然流露。可以说，笔迹是一个人的性格、智力水平和思维逻辑的具体反映。根据笔迹，可以鉴定出书写者的性格、能力和心理特征等。

笔迹测试主要从字体大小、书写力度、速度、字体宽度和页面安排等方面判断一个人的个性特征。例如，笔画轻重均匀适中，说明书写者有自制力、稳重，对自己所喜欢的工作能竭尽全力去完成；反之，笔画不均匀的书写者多半是个脾气暴躁、喜欢破坏和妒忌心强、喜欢背后做小动作的"阴谋家"。笔画过重的人比较敏感，笔画过轻的人往往缺乏自信。全篇文字连笔较多，速度较快，说明书写者思维敏捷、动作迅速以及效率较高，但有时性急，容易感情冲动；笔速较慢，说明书写者头脑反应不是很快，行动较慢，但性情和蔼，富于耐心，办事讲究准确性。

笔迹测试在欧洲大陆已经作为人才招聘和选拔过程中一种非常重要的测评方法，与其它测评方法相比，笔迹分析技术有着简捷、方便、效度高、信度高和成本低等优势。

（四）职业兴趣测试

职业兴趣指的是，人们对具有不同特点的各类职业的偏好，即被试喜欢从事什么样的职业。被试的这一态度在很大程度上影响员工在职位上的绩效和离职率。

美国学者约翰·霍兰德提出了具有广泛社会影响的职业兴趣理论。他认为，人的人格类型、兴趣与职业密切相关，兴趣是人们活动的巨大动力，凡是具有职业兴趣的职业，都可以提高人们的积极性，促使人们积极地、愉快地从事该职业，而且职业兴趣与人格之间存在很高的联系。

霍兰德认为人格可分为现实型、研究型、艺术型、社会型、企业型（管理型）和常规型六种类型。

# 第四章 员工培训

在知识经济时代,拥有一支数量充足和知识结构、能力结构、年龄结构合理的人员队伍对企业未来的发展意义重大。而员工培训对企业发展具有非常重要的作用。本章主要对员工培训的必要性以及方法展开论述。

## 第一节 培训概述

### 一、员工培训的概念

培训是给新雇员或现有雇员传授其完成本职工作所必需的基本技能的过程。员工培训是组织通过学习、训导的手段提高员工的工作能力、知识水平和潜能发挥,最大限度地使员工的个人素质与工作需求相匹配,进而促进员工现在和将来的工作绩效提高的过程。严格地讲,培训开发是一个系统化的行为改变过程,这个行为改变过程的最终目的就是通过员工工作能力、知识水平的提高以及个人潜能的发挥,明显地表现出工作上的绩效特征。工作行为的有效提高是培训与开发的关键所在。

在传统意义上,培训侧重于近期目标,重心放在提高员工当前工作的绩效从而开发员工的技术性技巧,以使他们掌握基本的工作知识、方法、步骤和过程。开发则侧重于培养、提高管理人员的有关素质(如创造性、综合性、抽象推理、个人发展等),帮助员工为企业的其他职位做准备,提高其面向未来职业的能力,同时帮助员工更好地适应由新技术、工作设计、顾客或产品市场带来的变化。培训通常侧重于提高员工当前工作绩效,故员工培训具有一定的强制性。而开发活动只是对认定具有管理潜能的员工才要求其参加,其他员工也要有参与开发的积极性。

### 二、员工培训的作用

企业在面临全球化、高质量和高效率的工作系统挑战时,培训显得更为重要。培训使员工的知识、技能与态度得到明显的提高与改善,由此提高企业效益,获得竞争优势。其作用具体体现在以下几个方面：

## （一）有助于提高企业的经营绩效

员工培训的直接目的是发展员工的职业能力，使其更好地胜任现在的日常工作及未来的工作任务。在能力培训方面，传统的培训重点一般放在基本技能与高级技能两个层次上，但是未来的工作需要员工具有更广博的知识，要培训员工学会知识共享，具备创造性地运用知识来调整产品或服务的能力。有效的培训与开发能够帮助员工提高本身的知识技能，改变他们对工作的态度，增进员工对企业战略、经营目标、规章制度和工作标准的理解和接受，不断提高员工的工作积极性，从而改善员工的工作业绩，进而促进企业整体绩效的提高。

## （二）有助于增强企业的竞争优势

人类社会步入以知识经济资源和信息资源为重要依托的新时代，智力资本已成为获取生产力、竞争力和经济成就的关键因素。企业的竞争不再依靠自然资源、廉价的劳动力、精良的机器和雄厚的财力，而主要依靠知识密集型的人力资本。美国的一项研究资料表明，企业技术创新的最佳投资比例是5：5，即"人本投资"和硬件投资各占50%。在同样的设备条件下，增加"人本"投资，可达到1：8的投入产出比。员工培训是创造智力资本的途径，智力资本包括基本技能（完成本职工作的技术）、高级技能（如怎样运用科技与其他员工共享信息、了解客户和生产系统）以及自我激发创造力。这要求建立新的适合未来发展与竞争的培训观念，提高企业员工的整体素质，为企业获取持续的竞争优势。

## （三）有助于培育企业文化

企业文化是企业的灵魂，是一种以价值观为核心、对全体职工进行企业意识教育的微观文化体系。良好的企业文化对员工具有强大的凝聚、规范、导向和激励作用，在企业文化的构建过程中使员工拥有共同的价值观念和道德准则，而培训开发中的教育和宣传是一种非常有效的手段。企业管理人员和员工认同企业文化，不仅会自觉学习掌握各种知识和技能，而且会增强主人翁意识、质量意识和创新意识。从而培养大家的敬业精神、革新精神和社会责任感，形成一种良好的文化氛围。

## （四）有助于提高员工的满意度

对员工适时的培训开发不仅可以提高员工本身的能力，有助于其在现在或将来的工作中有进一步的提升，满足员工的成就感，而且可以使员工感受到企业对他们的关心和重视，提升员工的归属感。有资料显示，百事可乐公司对深圳270名员工中的100名进行了一次调查，这些人几乎全部参加过培训。80%的员工对自己从事的工作表示满意，87%的员工愿意继续留在公司工作。培训不仅提高了职工的技能，还提高了职工对自身价值的认识，对工作目标有了更好的理解。

## 三、员工培训的原则

### （一）战略性原则

企业都希望自己的培训计划能够支持公司战略目标的实现，所以企业必须将员工的培训与开发放在战略的高度来认识。员工技能培训能够立竿见影，很快会反映到员工工作绩效上，而管理人员的培训可能在若干年后才能收到明显的效果。例如，美国的卡特彼勒公司创建了自己的卡特彼勒大学来负责对公司员工的培训和开发，该大学的理事会由公司的高层管理者组成。他们负责制定企业大学的各种政策，以此确保各种学习需要与企业的经营战略保持一致。

### （二）广泛性原则

企业员工培训网络涉及的面应该广泛，不仅中高层管理者需要培训，一般员工也需要培训。员工培训的内容应涉及企业经营活动和将来需要的知识、技能以及其他问题，员工培训的方式与方法也应具有很大的广泛性。

### （三）层次性原则

员工培训网络的深度，也是培训网络现实性的具体表现。企业战略不同，培训的内容及重点也不同，而且不同知识水平和不同需要的员工，所承担的工作任务不同，知识和技能需要也各异，需要根据不同层次的员工设计培训方案。

### （四）实用性原则

员工的培训投资应产生一定的回报。员工培训系统要发挥其功能，即培训成果转移或转化成生产力，并能迅速促进企业竞争优势的发挥与保持。首先，企业应设计好的培训项目，使员工所掌握的技术、技能和更新的知识结构能适应新的工作。其次，应让受训者获得实践机会，为受训者提供或促使其主动抓住机会来应用培训中所学的知识、技能和行为方式。最后，为培训成果转化创造有利的工作环境，构建学习型组织。

### （五）长期性和适应性原则

随着科学技术的日益发展，人们必须不断接受新的知识，不断学习。任何企业对其员工的培训将是长期的，也是永恒的。员工学习的主要目的是满足企业工作和自身发展的需要，所以，培训针对性要强。许多培训是随企业经营环境的变化而设置的，如为改善经济技术指标急需掌握的知识和技能，已决定进行的攻关课题、革新项目急需掌握的知识和技能，强化企业内部管理急需掌握的基本管理技能等。

# 第二节　组织机构培训系统

为确保培训支持组织目标的实现，有必要将系统的观点纳入这一过程。将员工培训视为一个系统，让其中的每一个环节都能实现员工个人及其工作和组织机构三方面的优化。组织机构培训与开发系统模型便显示了组织机构培训系统是由确定培训需求、制订培训计划、实施培训计划、培训成果转化和培训效果评估五个环节构成的一个循环过程。

## 一、培训需求分析

在展开培训活动之前，应首先对员工进行需求分析。确定培训需求指的是组织对员工在工作中被要求表现和实际表现之间是否存在差距进行确定。

戈尔斯旦、布雷弗曼和 H. 戈尔斯坦三人经过长期的研究将培训需求评价方法系统化，指出培训需求分析应从三个方面着手，即组织分析、任务分析和人员分析。

### （一）组织分析

组织分析的目的是预测组织未来对知识与技能的需求，判断培训与组织的经营战略和资源是否相适应，管理者和员工对培训是否支持，以便他们能将培训中学到的技能、行为等方面的信息运用到实践中去。这里需要分析以下三个问题：

1. 预测组织未来对知识与技能的需求

从战略发展高度预测组织机构未来在技术、销售市场及组织结构上可能发生什么变化，对人力资源的数量和质量的需求状况进行分析，确定适应组织机构发展需要的员工能力。

2. 分析管理者和员工对培训活动的支持态度

大量研究表明，员工与管理者对培训的支持是非常关键的。培训成功的关键要素在于：受训者的上级、同事对其受训活动要持有积极态度，并同意向受训者提供任何关于将培训所学的知识运用于工作实践中去的信息；受训者将培训所学习的知识运用于实际工作之中的概率较高等。如果受训者的上级、同事对其受训不支持，培训成果应用的概率就不大。

3. 分析培训资源

分析培训资源指的是，对组织机构的培训费用、培训时间及培训相关的专业知识等培训资源的分析。组织机构可在现有人员技能水平和预算的基础上，利用内部咨询人员对相关的员工进行培训。如果组织机构缺乏必要的时间和专业能力，也可以从咨询公司购买培训服务。目前已有越来越多的组织机构通过招标的形式来确定为本组织机构提供培训服务的供应商或咨询公司。

组织分析的资料来源主要有宏观的经济发展数据、国家的法规政策、产业政策、组织的战略目标与经营计划、组织生产方面的统计、人事统计等。可采用的方法有资料分析、问卷调查、座谈及直接咨询等。

### （二）任务分析

任务分析是对组织工作层面的分析，主要决定培训内容应该是什么。任务分析用以帮助员工准确、按时地完成任务。任务分析的结果是有关工作活动的详细描述，包括员工执行任务和完成任务所需的知识、技术和能力的描述。

对工作任务的分析并不等同于工作分析。前者主要研究怎样具体完成各自所承担的职责和任务，即研究具体任职者的工作行为与期望的行为标准，找出其间的差距，从而确定员工为了实现有效的工作业绩必须学某方面知识和技能的过程。

任务分析可以通过工作分析、调查表、群体讨论、现场考察和工作日志等方法获得信息。

### （三）人员分析

人员分析是确定哪些人需要培训和培训什么的具体内容。具体说来，就是要通过分析实际绩效与预期绩效的差距，发现员工实际掌握的知识、技能和态度与实现组织期望目标所需要的知识、技能和态度之间的差距，并通过分析这一系列影响员工绩效的因素，找出存在差距的原因。

在人员分析的过程中，既要弄清工作绩效不佳的原因是知识、技术、能力方面的欠缺（与培训有关的事宜），还是个人动机或工作设计方面的问题，还要确定是否有必要进行培训、谁需要接受培训及培训的材料、形式和内容等，同时让员工做好接受培训的准备。

人员分析可通过绩效评估、绩效面谈、调查表、工作抽样、面谈及员工的职业生涯设计等方法获得信息。

## 二、制订培训计划

培训是一项复杂的工作，如果效果不好，不但会浪费组织机构的财力、物力，更浪费员工的时间、精力。因此，任何一项培训，都要有一个充分的计划，仓促上阵、临场发挥是不可能收到好的效果的。

## （一）计划的内容

培训计划的内容一般可分为六项，通常用"5W1H+1C"表示：

Why：培训的目的和目标；Who：培训对象和培训师；When：培训时间安排；What：培训内容；Where：培训地点；How：培训方法与评估方法；Cost：培训费用预算。

"5W1H+1C"中，最重要的是"What：培训内容"。针对费用、时间和精力都有限的情况，必须对培训内容进行层次划分。能够突破工作胜任力瓶颈的内容应视为必须学习的内容，能够开发潜力和开阔视野的内容应视为应该学习的内容，对达到培训目标有帮助但不重要的内容应视为可以学习的内容。一份优秀的培训计划，将帮助我们在活动中直接命中目标。

### 1. 培训目标

通过培训需求分析明确了现有员工的能力与其职务需求之间存在一定的差距后，接下来的消除这个差距的工作就是我们的培训目标。可以说，培训目标就是培训活动的目的和预期成果。有了培训目标，员工学习才会更加有效。因此，确定培训目标是员工培训必不可少的环节。

（1）培训目标的作用

培训是建立在培训需求分析基础上的。培训目标确定的作用具体表现在以下几个方面：

第一，它能结合受训者、管理者和组织机构各方面的需要，满足受训者方面的需要；

第二，帮助受训者理解培训的原因；

第三，协调培训目标与组织机构目标，使培训目标服从组织机构目标；

第四，为培训结果的评价建立了依据；

第五，有助于明确培训成果的类型；

第六，指导培训政策及其实施过程；

第七，为培训的组织者确立了必须完成的任务。

（2）培训目标类型

培训和开发目标可分为若干层次，从组织目标、部门目标、团队目标到个人目标，从长期目标、中期目标到短期目标，从某一培训和开发活动的总体目标到某项学科乃至每堂课的具体目标，越来越具体。培训目标主要有以下几大类：

1）技能培养

组织机构通过培训使员工掌握完成工作所具备的技能。举例来说，对基层员工，主要是培养他们的操作技能；而对中高层管理者，则主要是培养他们的思维活动，如分析与决策能力、书面与口头沟通能力、人际关系技巧等。

2）传授知识

传授知识包括概念与理论的理解与纠正。知识的灌输与接受、认识的建立与改变等，都属于智力活动范畴。但理论与概念也必须和实际工作相结合，才能理解深刻、灵活掌握和巩固记忆。

3）转变态度

转变态度当然也必须涉及认识的变化。因此，也有人把它归入上述"传授知识"那一类中。但态度的确立或转变还涉及感情因素，这在性质与方法上毕竟不同于单纯的传授知识。通过培训，建立起员工之间的相互信任，培养员工对组织机构的忠诚度，培养员工应具备的精神和态度，增强集体主义精神，使员工更好地合作。培训还可以使员工理解组织机构的政策、规章制度及发展目标，从而得到员工支持与执行。

4）行为表现

行为表现是指受训者经过培训后，在一定的工作情境中所需要达到的特定工作绩效与行为表现。

5）绩效目标

培训与开发活动应有助于实现部门或组织机构特定的绩效目标。培训方案的绩效目标应包括下列要素：

第一，接受了培训和开发后的行为或绩效标准，对培训计划而言，这个标准应具体列明，如培训后打字速率应为每分钟若干字；

第二，在何种情况下，这个绩效标准可以运用；

第三，评估上述行为或绩效标准的具体方法。

（3）培训目标设立的原则

1）可衡量性

如果目标模糊不清，无法衡量，就无法知道目标是否完成，无法对培训程度和效果进行分析、评价。

2）适合性

培训目标要与组织机构的目标相适应，要符合员工的成长规律，要适合员工的学习特点和规律。

3）结合性

培训目标应该是组织机构目标和员工个人目标的结合。单纯强调组织机构的目标而忽视个人目标会损伤员工的热情，影响培训效果。

2. 培训师

培训师的选择对培训效果的保障有着直接影响。对培训师的选择一般有两个渠道：一是内部渠道，二是外部渠道。

通过以上两个渠道选择培训师，各有利弊，应根据培训的内容和要求选择恰当的培训师。很多组织机构将两种方法结合使用。

3. 培训时间

培训时间选择不当也会影响培训效果。一般来讲，培训时间的确定要考虑两个方面的因素：一是培训内容需要的时间，二是受训人员的时间。培训时间确定合理，一方面能保证培训内容及时满足培训需求，另一方面也能让受训人员安心和乐意接受培训，从而保证培训的效果。

4. 培训地点和设施

培训地点的选择最主要是考虑培训的方式，应有利于培训的有效实施，如讲授法可在教室里进行，研讨法可以在会议室里进行，游戏法应选择相对宽敞的地方。另外，培训地点的选择还应考虑参加培训的人数、距离及培训成本等因素。

另外，培训计划中还应列出培训所需设备，如多媒体、文具及其他道具等。

5. 培训方法

培训方法的选择主要依据培训的内容，如知识型的培训多采用讲授法、研讨法或网络培训；技巧型的培训多采用参与式方法，如模拟训练法、角色扮演法。对培训方法的选择将在下一节中详细讲解。

（二）计划的种类

1. 按时间划分

计划按时间可分为长期计划、中期计划、年度计划、季度计划和月份计划。中期计划一般是 1~3 年，长期计划一般是 3 年以上，有的组织机构的长期培训计划甚至长达 10 年左右。

2. 按对象划分

按对象，培训计划可分为高层管理人员培训计划、中层管理人员培训计划和一线员工培训计划。

3. 按内容划分

按内容，培训计划可分为组织机构文化培训计划、管理知识与技能培训计划、服务知识与技能培训计划、岗位要求培训计划、规章制度培训计划、操作技能培训计划、产品知识培训计划等。

此外，还有其他多种划分方法。以上只是理论上的划分，在实际制订过程中，培训计划往往是把以上各种类型进行交叉和结合起来进行考虑的。

## 第三节 培训的方法

### 一、员工培训方式

员工培训指的是，一定组织为开展业务及培育人才的需要，采用各种方式对员工进行有目的、有计划地培养和训练的管理活动。其目标是使员工不断更新知识、开拓技能，改进员工的动机、态度和行为，使其适应新的要求，更好地胜任现职工作以及担负更高级别的职务，从而促进组织效率的提高和组织目标的实现。员工培训开发的主要形式有以下三种：

1. 入职培训

入职培训即新员工培训，指的是企业在新员工已经进入企业之后提供的提高这些员工价值的人力资源管理活动。入职培训能够帮助员工在第一天培养起作为团队成员的感觉，帮助员工从心理上"准备好"，通过对公司整体的了解，尤其是对规章制度、公司文化、健康与安全的方针和做法、工作环境等的熟悉，员工才能够建立起投入新角色的信心，尽快适应环境。入职培训还能为将来员工信息入库、个人职业规划设计提供基础材料。

入职培训可以涵盖如下三个模块：

（1）公司介绍，如公司历史及业务介绍、公司管理规章制度（主要是《员工手册》，包括薪酬福利制度、奖惩制度、培训制度、财务管理制度等）、行政上的安排、法律上的义务、员工的个人准备须知、培训与发展的安排和重要联络人信息等。

（2）工作场所的健康与安全，如公司有关健康安全的政策、个人防护用品的发放及使用方法、发生工伤事故处理方式、紧急事件处理、危险状况处理和公司应对危机的处理程序等。

（3）全方位熟悉工作环境。全方位熟悉公司工作环境是新员工进入公司后非常重要的工作。应把新员工介绍给同事，让其通过各个渠道了解公司业务（内部与外部），给员工机会去与内部各方建立联系。

2. 在职培训

在职培训分为在岗培训和脱产培训。在岗培训指的是，在工作中直接对员工进行培训，是通过聘请有经验的工人、管理人员或专职教师指导员工边学习边工作的培训方式。在职培训是企业员工培训的一种基本形式，其强调紧密结合岗位，实行按需施教、急用先学的原则。按岗位需要对员工进行培训，以员工上岗任职的资格和能力为出发点，使其达到本岗位要求，其实质是提高从业人员总体素质。在职培训是外企普遍采用的形式之一，它不仅是一种有效的培训手段，更是一种培训观念，将在职培训理念导入日常管理活动中，是提高经理管理水平和员工工作效率的有效途径。脱产培训是指为了有选择地让部分员工在一段时间内离开原工作岗位，进行专门的业务学习与提高的培训方式。

3. 职业资格培训

职业资格培训是提高企业员工职业适用性和开放性的重要内容。要求上岗者须具备资格证的岗位的分类：一是国家有关部门规定的岗位，二是企业规定的岗位。第一类岗位资格培训由有关部门授权的机构组织，第二类岗位资格培训由企业自己组织。

## 二、员工培训方法

培训方法是为了有效地实现培训目标而挑选出的手段和技法。它必须与培训需求、培训课程和培训目标相适应，同时必须考虑培训对象的特点。选择培训方法要考虑以下两方面的要求：一是针对具体的工作任务。任务分析可以明确某项工作对培训内容与方法的要求。任务分析的主要方法有两种：一种方法是列出工作人员在工作中的实际表现，进而对它们进行分类，并分析它们的技术构成；另一种方法是列出工作人员在工作中的心理活动，然后进行分类和分析其技术构成。在这两种方法中，设计者既可靠主观分析，又可靠客观定量分析。究竟采用哪种方式，由费用、时间等因素来决定。二是与受训者群体特征相适应。企业培训针对不同的受训者制定相应的培训目标，划定培训的领域。在这些领域中有效地开展培训活动时，要想为某项工作的任职者指定合适的培训方法，就需要分析受训者特殊的培训要求和培训条件。分析受训者群体特征时，可使用学员构成、工作可离度和工作压力等参数。员工培训的方法主要有以下几类：

### （一）课堂讲授法

课堂讲授法是一种基本的有效的培训方式，它可以用一种快速而简单的方式向一群受训者传递知识。

课堂讲授法的成本最低，最节省时间，有利于向受训者系统地讲解知识，且易于掌握和控制培训进度。同时，它也有利于更深入地理解难度大的内容，而且可同时对许多人进行教育培训。因此，它可作为其他培训方法的辅助手段。讲座法的不足在于它是一种被动的学习方法，只注重对学习者的单向沟通，缺乏受训者的参与、反馈，这些会阻碍学习和培训成果的转化。它的内容具有强制性，不易引起受训者的注意，信息的沟通与效果受教师水平的影响大。

## （二）情景模拟法

情景模拟法首先由美国心理学家茨霍恩等学者提出。它是一种模仿现实生活场景的培训方法。这种方法不仅让学员身临其境，还有突出操作性、讲究趣味性、注重实效性、兼顾学理性的功能，具有理论与实际高度结合、教师与学员高度投入、学员自身管理经验与模拟情景高度融合的特点，而且使学员可以看到所作决策在内的真实的虚拟环境中可能产生的影响，因此成为现代能力培训中最受欢迎和追捧的培训方法之一。

1. 情景模拟的特点

（1）实践性。情景模拟通过设置一定情景仿真出复杂情况，引导学员运用知识解决问题，真正实现"从实践到理论，再由理论回归实践"的培训要求，使学员在模拟中获得体验和感受，因此非常适合以提高能力为主的员工培训。

（2）综合性。情景模拟通过设置一定的情景，并使该情景所涵盖的外延具有很大的开放性和包容性，促使学员在分析解决问题时可以把以前所学知识和技能尽可能多地综合运用于一个具体的情景中，从而提高学员用发展的、联系的、全局的眼光分析解决问题的能力。

（3）参与性。在情景模拟中，学员自始至终是活动的主体，教师只起组织和指导的作用。全过程的参与促使学员充分调动他们在观察、分析、探讨和交流等各方面的能力，这是与单向的课堂讲授完全不同的。

（4）实效性。运用情景模拟教学手段，形象直观，环境与过程逼真，有利于学员实践能力的开发。利用模拟情景，可有效解决某些理论原理难以形象化讲授，某些课题知识点难以通过实践加以验证的问题，是解决理论知识与实际工作脱节的有效方法，具有很强的实效性。

2. 情景模拟的作用

（1）它是理论联系实际的桥梁。情景模拟开辟了一条从课堂走向现实社会的途径，可以更好地贯彻企业经营理念和管理实践。

（2）它能够调动学员的积极性。情景模拟能很好地培养学员的学习兴趣，从"要我学"变成"我要学"的学习心态。

（3）它能够提高学员的社会认知和实践能力。从模拟案例的构思、角色的选配、场景的设计，到投入模拟案例演练，学员可以得到锻炼。此方式可以在学员面前再现现实工作的事例，对在实际中如何运用现代管理理论方法研究、分析、处理问题起到很好的引导作用，能够真正实现"从实践到理论，再由理论回归实践"的培训目的，帮助学员提高综合管理能力和素质。

3. 情景模拟适用于下述能力培训

（1）岗位工作技能。情景模拟是让新手获得岗位工作技能的最佳方法。它可以使学员在角色演练中体会到某些角色（岗位）的地位、作用、处境和工作要领。例如，在员工选拔与招聘中，"面试"和"无领导小组讨论"两个课程可运用情景模拟方式，学员能够在情景模拟中很快掌握操作要领和关键技术。

（2）预测实际问题的能力。情景模拟使用的分析材料常常选择现实中的热点、焦点问题，有的是学员曾经碰到过的情景，有的则是新鲜的材料。通过培训活动，学员可以对模拟事件发生发展的各个环节进行思考分析，有利于让他们发现自己的创新潜能，找出自己能力上的不足，从而增强他们对实际问题的预测与处理能力。

（3）危机处理能力。在一个更加开放和扁平化的组织结构中，员工面临的突发事件越来越多，因此提升员工危机处理能力对适应组织内外环境、维护企业形象和实现组织目标来说是十分必要的。

（4）决策能力。在情景模拟中，一般来说，每位学员最初都会根据以往的知识、经验做出解决问题的经验性决策。随着演练的进展，其他成员提供的相关信息可能会激发学员重新思考。同时，在更加公开和透明的环境中，学员做出决策的压力会更大。因此，每种个性的决策风格会更容易暴露在教师眼里，有利于对其进行进一步的辅导和培训。

最近出现的模拟现实技术被运用于情景模拟领域，即虚拟现实。它是为受训者提供三维学习方式的计算机技术，即通过使用专业设备和观看计算机屏幕上的虚拟模型，让受训者感受模拟环境并同虚拟的要素进行沟通，且利用技术来刺激受训者的多重知觉。例如，美国空军开发了名为 Full-Spectrum Command 和 Full-Spectrum Warrior 的两款类似光盘游戏的培训项目。这两款游戏具有极强的现实特征，这两款游戏的背景强调实时的领导力和决策能力。

在虚拟现实中，受训者获得的知觉信息的数量对环境传感器的控制力以及受训者对环境的调试能力都会影响受训者"身临其境"的感觉。虚拟现实适用于工作任务较为复杂或需要广泛运用视觉提示的员工培训。它的优点在于，它能使员工在没有危险的情况下进行危险性操作，可以让受训者进行连续学习，还可以增强记忆。开发虚拟现实培训项目的障碍是，劣质设备会影响真实感，而一旦受训者的感觉被歪曲，容易使其感到恶心、眩晕等。

（三）视听培训法

视听培训是运用电视机、录像机、幻灯机、投影仪、收录机和电影放映机等视听教学设备为主要培训手段进行训练的方法。随着声像资料的普及与广泛应用，许多企业的培训已采用电化教学手段，并取得了较好的效果。此外，有条件的企业还运用摄像机自行摄制培训录像带，选择一定的课题将企业实务操作规范程序、礼貌礼节行为规范等内容自编成音像教材用于培训。

在使用视听培训的方法前，要清楚地说明培训的目的，根据培训的主题选择合适的视听教材，以播映内容来发表个人的感想或以"如何应用在工作上"为主题进行讨论。最好能边看边讨论，以增加学员的理解。讨论结束后，培训师必须做重点总结或将如何应用在工作上的具体方法告诉受训人员。

视听培训应用范围较广，以下情况可以使用视听培训：

1. 当需要说明如何按照一个特定的时间顺序来操作时，比如在培训受训者如何修理机器时。在这种时候，视听设备的暂停，及时重放或者快进、慢进等功能都很有用；

2. 当需要向受训者讲述的是通常的授课方式难以说清楚的事情时，比如虚拟的工厂参观或者心脏外科手术；

3. 当整个组织所有人员都需要培训，而让培训师跑到各个地方去讲课的成本又太高时。

视听培训的方法有以下优点：一是视听教材可反复使用，从而能更好地适应学员的个别差异和不同水平的要求；二是教材内容与现实情况比较接近，易于使培训者借助感觉去理解，另外生动的形象更易引起兴趣；三是视听使受训者受到前后连贯一致的指导，使项目内容不会受到培训者兴趣和目标的影响；四是将受训者的反应录制下来，能使他们在无须培训者进行解释的情况下观看自己的现场表现，受训者也无法将业绩表现不佳归咎于外部评价者的偏见。

但是，视听教学也存在视听设备和教材的购置需花费较多的费用和时间，且合适的视听教材不易选择，学员易受视听教材和视听场所的限制等缺点。因此，该方法很少单独使用，通常与讲座一起向员工展示实际的工作场景和例子。

### （四）案例研究法

案例研究法是为受训者提供一份关于组织中存在问题的书面描述，然后让受训者分析案例、诊断问题，再与其他受训者一起讨论自己得出的研究结果以及解决问题的方案。案例研究法由美国哈佛管理学院推出，目前广泛应用于企业管理人员（特别是中层管理人员）的培训。目的是训练他们具有良好的决策能力，帮助他们学习如何在紧急状况下处理各类事件。实施案例研究法应遵循以下原则：

1. **典型性原则**。一个好的案例，应该能以小见大，反映出某一类事物或企业活动的基本共性，有较强的研讨和学习价值。可以从正反两方面总结经验教训，提升企业经营管理理念，增加研究结果的实际运用价值和指导性作用。

2. **真实性原则**。一个好的案例，虽然有较强的可读性（有点像小说、故事），但它不同于一般的文学作品。案例所描述的应该是已经发生的事实，不能虚构，要客观展现案例事件原貌，避免对客观条件的更改而使它的适用性和现实参照性大打折扣。当然了，在细节上也可以做必要的文字加工和整理。

3. 个性化原则。案例所描述的事件要有一定的特性。一个好的案例往往反映的是人们所忽视的东西，或者是人们没有预见到的情景。情节曲折有趣，但主题要鲜明，容易给人留下深刻印象。

4. 启发性原则。一个好的案例所描述的事件，要有一定的冲突，使人产生认知上的不平衡，由此引发人们深思，甚至引起研讨和争论，以提升受训者的企业管理理念。

5. 创造性原则。案例所反映的问题，要符合形势发展的要求。就当前来说，要符合企业所提倡的理念。同时，要注意用新的思考方法、新的观点去分析研究，以得出新的结论或发现新的规律。也可以从案例分析中提出新的问题，或者提出独特的见解，供大家去研讨，这种案例就具有创造性。

6. 理论联系实际的原则。一个好的案例，描述的是一个实践的过程，反映的却是理性的问题。因此，描述与分析点评应该是案例的两个不可分割的重要内容。

案例研究法的优点是，它提供了一个系统的思考模式。在案例学习过程中，接受培训可得到一些管理方面的知识和原则，建立一些先进的思想观念，有利于受训者参与企业实际问题的解决，个案研究教学法还可以使受训者在个人对情况进行分析的基础上，提高承担具有不确定结果风险的能力。为使个案研究教学法更有效，学习环境必须能为受训者提供案例准备及讨论案例分析结果的机会。其次是学员参与性强，变学员被动接受为主动参与，将学员解决问题能力的提高融入知识传授中，有利于使学员参与企业实际问题的解决。

案例研究法也存在一些不足，如案例的准备需要较长的时间，对培训师和学员的要求都比较高，案例的来源往往不能满足培训的需要等。因此，案例研究的有效性的基础是，受训者愿意而能够分析的案例，并能坚持自己的立场以及好案例的开发和编写。

## 三、团队管理

### （一）团队概述

1. 团队的含义

群体泛指本质上有共同点的个体组成的整体，如旅游团、观看球赛的人群，在同一单位工作的人，在一个教室里上课的学员和在同一个医院上班的医务人员。团队是按照一定的目的，由两个以上的组织成员所组成的小组，他们彼此分工合作，沟通协调，齐心协力，并共同承担责任。也就是说，一个群体要成为团队，该群体必须具有共同的愿望与目标，和谐、相互依赖的关系，以及共同的规范与方法。

团队与群体最主要的区别表现为以下两点：

（1）在群体中，成员通过相互作用来共享信息，做出决策，帮助每个成员更好地承担起自己的责任。团队则是一种为了实现某一目标而由相互协作的个体组成的正式群体。可以说，所有的团队都是群体，但只有正式群体才有可能成为团队。

（2）群体中的成员不一定要参与需要共同努力的集体工作，他们也不一定有机会这样做。因此，群体的绩效仅仅是每个群体成员个人贡献的总和。在群体中，不存在一种积极的协同作用能使群体的总体绩效水平大于个人绩效之和。团队则不同，它通过成员的共同努力，产生积极协同作用，团队成员努力的结果使团队的绩效水平远大于成员个体绩效的总和。

了解团队与群体的区别有助于理解为什么现在许多组织会围绕团队重新组织工作过程。他们这样做的目的是通过工作团队的积极协同作用提高组织绩效。团队可以为组织创造一种潜力，能够使组织在不增加投入的情况下提高产出水平。

2.团队的分类

（1）按照团队存在的目的和形态进行分类

1）自我管理型团队

自我管理型团队是与传统的工作群体相对的一种群体形式。传统的工作群体通常由领导者来做决策，群体成员遵循领导者的指令。而自我管理型团队则承担了很多过去由领导者承担的职责，如决定工作如何分配，决定工作节奏，决定团队的质量如何评估，甚至决定谁可以加入团队中来等。

自我管理型团队能够很好地提高成员的工作满意度。但是，有人发现，与传统的工作群体相比较，自我管理型团队的成员离职率和流动率偏高。

2）问题解决型团队

问题解决型团队常常是为了解决组织中的某些专门问题而设立的。团队成员通常每周利用几小时的时间讨论改进工程程序和工作方法的问题并提出建议，但他们通常没有权力根据这些建议单方面地采取行动。

3）跨职能团队

有的团队是由来自组织内部同一层次、不同部门或工作领域的员工组成的。他们合作完成包含多样化任务的大型项目，这样的团队就是跨职能团队。跨职能团队打破了部门之间的界限，使来自不同领域的员工能够交流沟通，有利于激发出新的观点，协调解决复杂的问题。有很多汽车和飞机制造企业就利用跨职能团队来解决工作中复杂的问题，如波音公司新型客机的设计和生产就是由设计人员、生产专家、维修人员、客户服务人员、财务人员及顾客组成的8~10人的跨职能团队来完成的。这样做不但提高了效率，降低了成本，还使产品在设计时能充分考虑客户的意见。

（2）按照团队在组织中发挥的功能进行分类

1）行动—磋商团队

行动—磋商团队通常由拥有较高技能的人员组成，这些人员共同参与专门的活动，每个人的作用都有明确的界定，如医疗团队、运动团队、乐队、谈判团队。行动磋商团队以任务为中心，具有不同专门技能的团队成员都对成功完成任务做出贡献。团队面临的任务十分复杂，有时是不可预测的。

2）生产—服务团队

生产—服务团队通常是由专职工人组成的，成员从事的工作是按部就班地工作，很大程度上实行自我管理，如生产线上的装配团队、民航客机的机组人员、计算机数据处理团队等。

3）建议—参与团队

建议—参与团队主要是提供组织建议和决策的团队。大多数建议—参与团队的工作范围都比较窄，不占用大量的工作时间，成员在该组织中还有其他任务，如董事会、人事或财务的专业顾问团队、质量控制小组等。

4）计划—发展团队

计划—发展团队是由技术十分娴熟的科技或专业人员组成的。这类团队的工作时间跨度一般比较长。有时，他们可能需要很多年才能完成一项发展计划，如设计一种新型汽车；有时，也可能是组织中承担研究工作的永久性团队。常见的计划发展团队有科研团队、生产研发团队等。

3. 有效团队的特征

一个有效的团队一般是由技能互补、相互信任、有共同目的、共同业绩目标，相互负责任的少数人组成的。有效的团队具有竞争的优势，并能极大地提高企业的绩效。一般来说，有效的团队具备以下几个特征：

（1）拥有共同的愿望和目标

共同的愿望使团队的存在有了基本的主观条件。共同的愿望和目标中包含着团队成员个人的愿望和目标，反映了成员个人的意志和利益，从而使成员具有强烈的认同感、归属感和责任感。只有这样，团队成员之间才能肝胆相照、同舟共济，面对问题才能积极参与，为团队贡献自己全部的才能和智慧。

（2）拥有高效而成熟的团队领导

领导者的角色在团队中的作用举足轻重。领导者个人的素质性格、管理方式和风格对团队的形成和效率有着决定性影响。如果领导者是高素质、民主型的，就能使团队内部的沟通流畅而充分，能将自己的理想、热忱、活力传播到整个团队中；如果团队领导者是专制型的，团队成员很难畅所欲言，也不会富于创造精神，信息就会堵塞，不能畅达；如果领导者是放任自流型的，团队沟通就会漫无目的，缺乏自觉性、主动性，就不可能及时得到反馈意见，团队的沟通效率会很低。

（3）能够进行高效的沟通

团队拥有健全的正式和非正式的沟通渠道。团队始终是企业内部问题的发现者和解决者，以及任务的接受者和思想的创造者。团队可以拥有这些功能，正是因为团队的沟通基本是无滞延的；沟通的气氛是充分坦诚、开放的；沟通的层次是少而精的，信息传递迅速，反馈和保真度极高。成员可以通过团队会议充分发表自己的意见，也能接纳他人的意见，并能建立起有效的反馈系统。团队内部有一些约定俗成并共同遵守的规范、条例，并有一些集体默认的行为方式。

（4）拥有高素质的成员

团队中每位成员都有过硬的专业知识、独到的技能和经验，团队成员应相互负责、相互学习、相互帮助。他们讨论并决定任务和角色，一旦达成一致，所有成员都会全力支持，热情高涨地投入工作。

因此，高效的团队应有共同的愿望和目标，成员应团结一致，互相负责，领导者应具有较高的工作效率，富有远见和热忱，能够很好地授权，而其沟通渠道应是畅通开放、少层次、全方位的。此外，团队成员间的角色经常发生变化，所以团队所有成员都应具备丰富的谈判技能，并且最好能赢得团队内外的充分支持。

4. 团队文化

（1）团队文化的含义

团队文化是指团队成员在相互合作的过程中，为实现各自的人生价值，并为完成团队共同目标而形成的一种潜意识文化。团队文化是社会文化与团队长期形成的传统文化观念的产物，包含价值观、最高目标、行为准则、管理制度、道德风尚等内容。它以全体成员为工作对象，通过宣传、教育、培训和文化娱乐、交流联谊等方式，最大限度地统一成员意志，规范成员行为，凝聚成员力量，为团队总目标服务。

（2）团队文化的构成

团队文化由人、共同目标、团队的定位、权限与计划等要素构成。其中，人是构成团队最核心的力量；共同目标为团队成员导航，让团队成员知道要向何处去；团队的定位是要明确团队由谁选择和决定团队的成员，团队最终应对谁负责，团队采取什么方式激励下属等问题；权限是指明确团队在组织中及团队内部人员的权限；计划是指明确实现目标的计划及步骤。

（3）团队文化的特征

1）团队文化与团队所在企业的企业文化是相关联的。

2）团队文化是一个整体，是在共同的兴趣、相互的义务、长期的合作、密切的友谊，以及长期一起工作和一起接受工作挑战中产生的一种社会交往方式。

3）团队文化鼓励创新和冒险也具备一定的容错能力。

4）团队文化是一个不断形成的过程，它通过团队中的行为举止、政策、程序、规范、计划、领导风格，以及团队中个人和集体所起的作用逐步地反映出来。

(4) 团队文化的功能

1）凝聚功能。凝聚功能是指团队成员在共同的价值观和理念下相互信任，彼此和谐一致，从而激发出强烈的归属意识，并最终融为一个团结的整体。它体现在团队对成员的吸引力和成员对团队的向心力两个方面。

2）激励功能。激励功能是指团队把成员视为最宝贵的资源，团队在激励机制设计上更加灵活，其目的就是充分激发成员的主动性和创造性。

3）导向功能。导向功能是指团队以大家认可的价值观、理念和规范指引成员为明确的团队目标而努力工作。

## （二）团队建设

### 1. 团队成员的不同角色及其职能

作为一个团队的领导者，必须了解不同类型的团队成员的优缺点，必须明确他们的角色，发挥他们的长处，这样才能使团队高效运作。

研究人员对团队中成员所扮演的不同角色进行了研究，提出了许多关于团队角色的理论，最有代表性的是贝尔宾团队角色理论。贝尔宾将团队角色分成以下几种类型：

（1）带头人

带头人是一个有独创性并自己订立规则的人，他能找到独创的方法来解决问题，对工作细节问题却缺乏耐心。带头人需要小心地处理团队问题，但他可以为团队工作开拓新领域。

（2）协调人

协调人是团队中必不可少的成员。他有能力主持会议。帮助成员明确其目标及做出明智的决策。协调人最主要的优点是协助其他成员工作使其工作更有效率。

（3）骨干人员

骨干人员是确定团队工作进展速度的关键人物，他们在压力之下能工作得很出色且具有克服工作障碍的能力。但他们可能对别人的感觉并不敏感，他们的批评使别人恼火。如果团队里有骨干人员，就可能需要经常对他们进行约束。

（4）团队工作者

团队工作者很喜欢在团队中工作，他们细心聆听其他成员的意见，并且建设性地与他们共同工作。他讨厌争论，尽量避免争论。如果团队中有专断的成员，团队工作者可以起到镇静的作用。他不是天生的领导者，容易受其他人的影响，很难做出决策。

（5）执行者

团队工作都需要执行者。执行者懂得将策略变成事实，是可靠、高效的工作成员。他们是拥有较高技术才能、在特殊领域工作的专业人员，他们可能很不灵活，但能谨慎地采纳新观念。他们可能不像其他成员那样性格外向，也许还会被性格开朗的人低估。团队领导要确保其他人了解执行者的价值。

（6）完成者

完成者是责任心极强的人，能胜任项目的细节性工作。他们经常为工作担心，并且宁愿自己多做一些，而不愿将责任推给其他人员。其他成员可能会因为完成者对细节过于强调而不耐烦。团队领导要帮助他们将眼光放远一点，而且要时常帮助完成者抓紧时间，并更有效地利用资源。

（7）监督评估者

监督评估者能严谨慎重地估量情况，做出审慎周密的判断。他具有战略性眼光，能够做出对项目最有利的决定。因为监督评估者的专业水平高，他对成员的工作要求很苛刻，不要指望他会提出创造性的想法，或希望他能激发别人工作。监督评估者可能会与资源研究员或骨干人员发生冲突。

（8）资源研究员

资源研究员有无限的精力，尤其是在项目建设的初期。资源研究员是良好的沟通者，经常使其直接接触投资商并说服投资商支持项目。一旦项目动工，资源研究员就会渐渐对项目失去兴趣，在项目执行阶段较少发挥作用。

（9）专家

专家有特定的、相当狭窄的专业领域的技术知识，这些知识对项目来说很重要，但项目并不一定对专家重要。他可能只因为团队需要他的专业知识而感到兴奋。虽然团队需要专家的技术和经验，但不能期望他会全心全意地为项目团队做贡献。

作为团队的领导者，需要知道团队成员的薄弱环节，同时为他们提供所需资源和支持，以帮他们在自己的强项上发挥潜能。有时候，有必要改变团队结构，以避免项目团队里有过多的带头人和骨干人员，使团队结构不均衡。多引进一些团队工作者、执行者、完成者和监督评估者，可以持续稳定团队，甚至可以让有相应特征的人担任骨干或行政要职。相反，如果成员过于墨守成规，团队的领导者应该激励他们，让他们与骨干人员和带头人交流思想。团队的领导者还可以同项目发起人召开会议，或引进一位咨询顾问帮助成员提高某方面的技能，提高他们的理解能力。团队的领导者可以在整个项目过程中定期举行这样的会议。

2. 团队领导与领导力的发挥

在一个高效的团队中，领导者所起的是"教练"和"后盾"的作用。他们对团队提供指导和支持，而且必须经常性地在权力下放与权力控制、指令式风格和协商式风格之间做出分析、判断和比较。领导者的主要任务不是如何去控制下级，而是改变组织内部权力的运用方式，改变对员工的绩效评估体系，为团队营造一种相互尊重的人际氛围，以确保团队成员的自信心并拥有共同的信念。

（1）团队领导的类型

在理论界，常常将团队领导分为赤字型领导和先锋型领导两种类型。

1）赤字型领导

赤字型领导善于寻找团队的薄弱环节，及时进行补差，主动提供各种资源。这种领导注重团队对领导者的要求，认为团队成员具有强烈的创造欲和求知欲，他们勇于承担责任。领导的责任是积极为团队成员提供发挥其聪明才智的空间，注重培养鼓励、支持下级。团队如果欠缺活力，领导者应通过改变组织结构和内部权力运用方式来增加活力；团队如果欠缺控制，领导者应该通过完善制度和规范来控制。随着社会的发展，赤字型领导越来越显示出其优势。

2）先锋型领导

先锋型领导事事身体力行，试图通过榜样的力量灌输给团队成员同样的品质。他们往往认为下属缺乏积极性、主动性和创造性，不愿也不敢承担责任，需要领导者提供方法和指导，强调领导对团队的要求及如何激发成员的能力。

（2）建立高效、规范团队的主要措施

1）使团队成员互补

作为团队的领导，要充分考虑团队任务的特点。如果在创造性方面和技能的多样性方面对任务的要求不高，就应尽量补充具有相似态度、价值观和背景的成员，这样团队成员之间易于交往和沟通；如果团队的任务需要多种技能和大量信息输入，就应注意成员间的技能互补，给团队成员分配适合他们的不同角色，使个体能够给团队带来最大的个人优势，使团队成员的个人偏好与团队的任务分配相一致。

2）明确团队的目标

目标是团队存在的理由，也是团队运作的核心动力。没有目标的团队只能走一步看一步，处于投机和侥幸的不确定状态中。在目标的指引下，团队成员才能拧成一股绳，劲往一处使，不断朝着既定的方向前进。同时，团队成员共同参与决策，使成员自觉致力于自己参与确定的目标，团队则为成员提供可靠信息和各种资源，但应避免领导独裁专断。

3）使团队维持小规模

团队规模越大，成员越会感觉到自身的不重要。而小的团队规模（但足以完成工作），可使个体感觉自己是重要的贡献者，这样团队内部容易进行深层沟通，相互的信任度也高。

4）维持团队进入的高门槛和高标准

要使团队成员对团队有较强的归属感，就要让他们跨入团队的门槛时感到有一定的难度，只有经过有相当难度的面试、笔试竞争，并通过不断的培训和教育，才能使团队成员为自己的这种身份感到自豪。身为一支高效团队的成员，本身就是荣誉的象征。

5）营造团队内部开放性的信息交流气氛

团队内部允许不带个人冲突和偏见的不同意见存在，支持在可接受范围内进行不同的实验，团队成员能够坦诚交流共享信息，领导者要提供定期的信息反馈，并做好在信息和技术方法上的指导与建议。

6）从团队外部引入挑战

从团队外部引入挑战，可使团队清楚自己的目标，而且在和其他团队的竞争中，使成员之间更紧密地团结，增强团队的凝聚力。

总之，团队领导应该成为战略的制定者。战略思想需要通过不断培训和教导以及清楚到位的沟通，使团队成员达成共识。团队领导还应是信息沟通者，具有较好的沟通技能和沟通愿望，能够在内部沟通中当好信息的收集者、控制者、传播者和协调者，在外部沟通中当好信息联络者、公关者和信息集散枢纽。团队的领导应成为出色的"教练"，应能够很好地担负起对下级进行辅导和培训的工作。团队绩效的高低在一定程度上取决于对成员的潜能开发和利用的程度。作为"教练"，团队领导应客观地认识下级的优缺点，以正确的心态和良好的辅导技巧去挖掘下级的潜力，强化他们的正向行为，改变他们的消极行为。团队领导还应是企业文化的创建者和变革者，积极倡导团队的核心价值观，做一个有创新精神，能与时俱进的领导者。团队领导还应是团队资源的良好配置者和危机冲突的有效管理者。

3. 团队建设的阶段

良好的团队并非一日组建成的，团队的形成要经过几个发展阶段。人们通常把团队的建设分为组建阶段、磨合阶段、规范阶段、致力阶段和解体阶段五个阶段。这几个阶段是沿着团队工作曲线发展的，在开始期（组建阶段）较为低效，最终变得较有组织性和重点性（规范阶段和致力阶段）。应指出的是，每个团队的发展都要经历组建这一阶段，有些团队能迅速经过各个发展阶段到达鼎盛期，而有些团队则发展缓慢，需要较长的时间才能产生效益。但是，并非所有的团队都能发展和保持高效的工作，有些团队可能永远踏步于第一阶段。那么，与其浪费时间解决团队如何攀升工作曲线，还不如解散这类团队，让他们重新组建其他团队。

（1）组建阶段

组建阶段是团队发展阶段中人员的首次聚集阶段。在这一阶段，团队成员关注的是如何适应团队的工作及自己在团队中的作用。有些新成员担心自己能否为团队带来贡献，并且还会思考以下问题：

1）我为什么参加此团队？

2）我能否信任团队中的其他成员？

3）团队的规则是什么？

4）团队的重要性如何？

在团队发展的第一阶段，团队成员都在尝试各种习惯做法，他们更为关注的是与其他成员建立关系和整个团队的构成，而无暇考虑团队组建的目的和应完成的工作任务。人际沟通也较为和谐，团队间相互都在谨慎行事。在团队发展的第一阶段，人们常伴有焦虑的心情，工作效率普遍较低。这时的"团队"不是实际意义上的团队，因为这时的组合缺少凝聚力，不能致力于共同的目标。

（2）磨合阶段

磨合阶段是团队成员尽力试图明确团队目标和价值的阶段，各种冲突正是在这一时期出现的。组建初期的礼貌、礼仪被打破，团队成员开始在团队中扩大自己的影响力并寻找自己的恰当位置。一些团队成员可能在这一阶段失去原有的幻想，他们放弃了早期的美好憧憬而更为务实地面对现实，并且意识到完成目标的严峻性。此时，由于团队的规定、准则还未制定，很可能会出现一两名成员来控制团队活动的局面。团队成员中会出现戒备心理，试探和相互指责的现象，或是因为进展缓慢而灰心丧气。在这一阶段，团队成员常常会自问以下问题：

1）到底谁是团队的负责人？

2）应如何解决所有出现的问题？

3）如何才能使团队不受部门官僚主义的影响？

4）为什么团队成员之间互不理睬？

此时的团队还没有形成共同的目标和任务感，而且常发生团队工作效率下滑，甚至成员的工作表现不尽如人意的现象。这是成员为了确定各自在团队中的位置和试图结为一体而分心造成的。

（3）规范阶段

在规范阶段，团队成员逐渐度过磨合期而开始以团队面目出现。在这一阶段，团队建立了自己的准则、经营方式和沟通渠道及行为规范。同时，团队成员更能相互容纳对方，更为了解团队内不同的思维方式和人员特性，成员各司其职，团队的目的和目标更为明确，人们确定了自己在团队中的位置，相互之间的关系更加融洽。团队形成了真正的凝聚力。团队成员各就其位，团队的整体性建立起来并做好了完成工作的准备并且下定了实现既定目标的决心。

（4）致力阶段

在致力阶段，团队开始有效地解决问题并积极工作，生产率得到极大提高。由于经历了磨合阶段和规范阶段的各种准备工作，团队成员此时建立了极强的信任感，大家畅所欲言，并避免冲突的发生。此时，由于团队成员能亲眼看见成功的运营，因此他们更珍视团队的作用。也正是在这一阶段，团队成员能得到个人和职业的发展。这时的团队成为真正的团队。团队成员都致力于共同的目标并为此而相互负责。在此基础上，有些团队发展成为成功的团队，即团队成员都极为关注并承担相互发展和成功的义务，这类团队能取得惊人的成就。

（5）解体阶段

高效的团队会因为关键成员的离开而使团队的建设受到影响，给团队工作造成损失，这就是团队建设的第五阶段——解体阶段。团队中失去核心人物或最佳团队成员对团队建设是一个重大打击，即使一般团队成员的离开也会给团队带来负面影响，甚至导致团队解体。这是因为团队需要时间弥补由于失去成员造成的损失，而新团队成员也需要时间接受培训，需要与其他团队成员建立信任与和谐的关系的时间。

由于人员流动，因此需要重新组建形成一个新的团队。这个新团队需要经历一个新的组建、磨合、规范、致力和解体的循环，团队的工作效率又会经历一个从低到高的发展过程。

4. 团队建设的目的和原则

（1）团队建设的目的

团队产生于传统组织内部，是传统组织为了进一步提高效率和环境适应力的结果。企业核心化为团队，则是当今环境的直接要求。因此，团队建设的目的，就是克服传统组织的弊端，塑造出一种适应信息时代的新型组织。

1）催生强烈的动机激励

工作团队由传统的组织中的被动接受命令转变为拥有独立的决策权。它使团队成员拥有一个更大的活动天地，享有宽松、自主的环境，极大地激励团队成员的工作积极性和创造性。在团队生产条件下，由于最终产出是共同努力的结果，因此，团队的气氛会给那些因存在"搭便车"企图而产生偷懒动机的参加者施加社会压力，迫使他们为团队的绩效、荣誉而努力工作。

2）提高劳动生产率

团队的组织模式使组织结构大大简化，组织内部结构简单，领导和团队、团队和团队、团队内部成员之间的关系变成伙伴式的相互信任和合作的关系，使企业决策层能腾出更多的时间和精力去制定正确的经营发展战略，寻找良好的市场机会，改变传统的"火车跑得快，全靠车头带"的企业状态，组成联合舰队式的作战群体，产生比个体简单相加高得多的劳动生产率。

3）增强组织灵活性

市场环境的新变化是企业组织普遍采用团队形式的主要原因。如今的市场环境已逐步走向全球化激烈竞争的买方市场，产品的寿命周期不断缩短，顾客的需求也日益向个性化和多样化的方向发展，多样化和及时获得产品是顾客需求的最重要特征。因此，组织的团队结构管理模式就成为企业竞争战略重点转移的必然要求。任何企业要想在激烈的竞争环境下生存、发展，都必须改变过去层次分明、决策缓慢、机构臃肿、人浮于事，对外界变化的应变能力差的管理模式。团队应给予职工必要的团队工作技能训练，团队的共同价值取向和文化氛围可以使组织更好地应付外部环境的变化和适应企业内部的改革、重组。团队工作应以灵活和柔性为其竞争战略。

4）保证信息传递畅通

信息渠道畅通可以提高信息的开放性、共同性和集成性，改善组织决策。团队工作模式可以以计算机网络、信息处理软件为支撑技术，团队之间的协调和联系可以通过总线上的共享信息实现。通过建立企业内联网和企业外部网实现信息的共享和集成，可以消除传统组织结构（如宝塔式的科层结构）中由于层层传递所造成的信息失真和延误问题，提高信息传递的质量和速度。

5）建设积极的内部员工关系

建设积极的内部员工关系是指促使企业内部公共关系条件的优化，增进团队沟通协调，提高员工归属感和自豪感，增强企业内部的凝聚力。每个团队都有特定的团队任务和事业目标，团队鼓励每个参与者把个人目标融入和升华为集体的团队目标并承诺他们的共同目标，可以使企业文化建设中的核心问题——共同价值体系的建立，变成可操作性极强的管理问题。同时，团队工作形式要求其参加者只有默契地配合才能很好地完成工作，促使他们在工作中有更多的沟通和理解，共同应对工作和生活中的压力。

6）提高员工素质

团队建设可以极大提高员工素质，增强员工的工作技能，充分体现企业的人本管理。团队鼓励成员一专多能，并对员工进行工作扩大化训练，要求成员积极参与组织决策。团队工作形式培养了员工的技术能力、决策能力和人际关系处理能力，使员工从机器的附属中解放出来，充分体现了以人为本的管理思想。

（2）团队建设的原则

1）准确分配团队成员角色

在研究如何选择一个有效的团队时，贝尔宾发现选择合适的人员组合是很重要的。他认为团队角色分配是对个人拥有的技能和本领的识别，然后还要把这些技能和本领与实际情况所需要的技能和本领相比较。

贝尔宾的研究结论是，采用参与式管理方式的企业应当在其期望中的管理人员身上寻找某些特征。他建议，在设计一个有效团队时，管理人员必须记住，团队需要不同品质的人，必须确保选择合适的团队成员；应考虑每个成员在技术方面能做出多大的贡献，以及该成员在团队中扮演什么角色。

2）团队规模适中

纵观国内外最适宜的工作团队，我们发现，工作团队规模一般都不是很大。其原因有以下三个：

①避免出现"搭便车"现象。在进行绩效考评时，成员过多容易造成该奖的没奖，该罚的没罚，导致不客观、不公正和团队凝聚力下降，使团队工作效率大打折扣。

②成员太多，很难顺利进行相互沟通，团队成员沟通少，就很难培养成员之间相互尊重、相互信任的氛围。

③成员过多，意见分散，讨论问题时很难达成一致。团队规模一般应尽量小，但团队规模还受其他许多因素的影响。

3）树立共同目标

共同的目标是团队存在的基础。心理学家马斯洛曾说，杰出团队的显著特征便是具有共同的目标。人的需求不同、动机不同、价值观不同、地位和看思维不同，对企业的目标和期望值也会有着很大的区别。要使团队高效运转，就必须拥有一个共同的目标。这一目标是成员的共同愿望，在客观上它能够为团队成员指明方向，是团队运行的核心动力。

4）完善成员技能

任何团队都必须培养正确的技能组合。每一种技能都是为完成团队目标所必需的、互济互补的技能。乔恩·卡曾巴林将团队技能分为三类，即技术性或职能性技能、解决问题和决策的技能和人际关系技能。

如果一个团队不具备以上三类技能的成员，就不可能充分发挥其绩效潜能。对具有不同技能的人进行合理搭配是极其重要的。一种类型的人过多，另两种类型的人自然就少，团队绩效就会降低。但在团队形成之初，并不需要成员全部具备以上三种技能。在必要时，可安排一个或多个成员去学习团队所缺乏的某种技能，从而使团队充分发挥其潜能。

5）建立绩效评估与激励体系

詹姆斯教授的一项研究表明，一个人如果受到激励，就会发挥他全部潜能的80%；没有受到激励，其潜能只能发挥20%。可见，激励对团队工作而言是不可或缺的条件，团队管理者可根据团队成员的不同需要制定和实施不同的激励机制。

杰克·韦尔奇曾对通用的领导者说:"你们是一个不断获胜的队伍中的一员,最佳团队中的一员,全世界最推崇的团队中的一员。你们必须热爱你的员工,拥抱你的员工,奖励你的员工,激励你最好的员工。如果最好的员工损失掉20%,是你们的失职;如果最差的员工留下10%,也是你们的极大错误。"这说明建立有效的激励机制十分必要。

6).明确团队领导和团队结构

目标决定了团队最终要达成的结果,但高绩效团队还需要团队领导和团队结构来提供方向和焦点。例如,确定一种成员认同的方式就能保证团队在达到目标的手段方面达成一致。在团队中,对谁做什么和保证所有的成员承担相同的工作负荷问题,团队成员必须取得一致意见。另外,团队需要决定的问题还有:如何安排工作日程,需要开发什么技能,如何解决冲突,如何做出和修改决策,以及如何确定每个成员的具体工作任务,并使工作任务适应团队成员个人的技能水平等。所有这些都需要团队领导和团队结构发挥作用。有时,这些事情可以由管理者直接来做,也可以由团队成员通过担当各种角色来做。

7)培养相互信任感

管理者和团队领导者对团队的信任具有重大影响。管理人员和团队领导者之间建立起信任关系,才能使团队成员之间建立相互信任关系。斯蒂芬·P.罗宾斯建议采取以下八种方法来培养人与人之间的相互信任感:

①表明你既是在为自己的利益而工作,又是在为别人的利益而工作。
②成为团队的一员,用言论和行动来支持你的工作团队。
③表明指导你进行决策的基本价值观是一贯的。
④公平。
⑤说出你的感觉。
⑥开诚布公。
⑦保密。
⑧表现出你的才能。

(三)团队沟通

1.团队的决策

有效的团队一定是自主型、自我管理型的群体,团队成员不但亲自执行解决问题的方案,承担工作的全部责任,而且积极参与有关团队目标和问题解决方法的决策。团队领导逐渐地将权力、责任和控制转移给自我管理的团队成员,从而使自己成为团队的"教练"或促进人员,而不是监督评估者。

(1)团队决策的基本程序

团队决策为的是确定团队工作的目标,明确团队的任务,如做什么,怎么做,由谁做，做的方法、途径，做出的结果在质量，数量、时限上的要求等。任何决策过程都是组织为实现某一特定的目标，从两个或两个以上的备选方案中选取一个满意的答案并付诸实施的过程。

团队的决策也是如此。团队决策的基本程序如下：

1）判明问题和目标。明确团队需解决的问题和实现的目标，进而明确团队的任务和任务涉及的范围。

2）收集处理有关的信息。这些信息包括实现目标所需的资源，实施的环境与条件，团队成员对目标的认同程度及团队成员的能力、经验等。

3）决策方案的制订和选择。运用具体的决策技术和手段优选方案，明确质量标准和实现的方法与途径。

4）决策方案的实施与评估。团队共同讨论如何分配成员工作，征求成员对承担工作的希望，力求发挥每个人的积极性，使工作分配得更合理、更公平。在决策的目标实施完成后对其结果进行评估。

（2）团队决策的方式

人们在长期的社会实践中，摸索总结出了许多独特的决策方式，特别是群体决策方式的多样化，保证了决策的科学化和理性化。这些群体决策方式被广泛地运用到团队决策之中，有些是组织性的，有些是技术性的。

1）智暴法

智暴法是指在决策环境中，对决策参与者不加任何限制，让其头脑中的各种想法都能表达出来，大家互相激发，从而形成许多新方案。新方案越多，就越有可能得到一个创造性、科学性的解决问题的方式。

智暴法要求决策的所有参与者都要遵守以下几个基本规则：

①决策群体负责人在决策会议之前，应把组织期望达到的目标和各种已有的决策方案通报给全体成员，让他们对决策的问题和方案充分了解。

②在决策过程中，鼓励参与成员尽情地发表自己的意见，在会议上禁止对其他人的意见提出批评，每个人只认同自己认为最好的方案。

③提出的想法越多越好，然后再寻求对各种想法进行综合和改进。

2）列单法

列单法也称列名团体法，是指在决策会议讨论之前，群体中的每个成员不与其他成员讨论，而是先提出自己的方案，或对已有的方案进行评估，然后所有成员再集中讨论每个方案，进而形成科学决策的过程。

列单法是一种运用团队会议形成决策的方法。一般来说，使用这种方法的团队规模为7~10人。列单法的具体操作过程如下：

①由主持人介绍将要讨论的决策问题及已有的解决方案，然后每个人把自己的意见写在纸上，不要相互商量和讨论，避免影响参与者各自的独立思考。

②在每个人写完自己的意见之后，每隔一段时间，每个人开始读自己的意见，要求不按职位顺序和座位顺序，而且每个人每次只读一条意见，而不是将意见一次性读完，其目的是让其他人忘记意见提出者是谁。

③由专人记录每条意见。意见常被罗列于记事板或黑板上，直到所有的意见被逐一记下为止。

④将记录下来的意见进行逐条讨论，重点是对每条意见的优缺点、可行性等进行讨论，每个参与者都可以发表意见。

⑤对各方案进行文字形式的投票表决，计算投票的结果，票数最多的方案可作为团队的决策，也可将前几个方案的内容加以综合决策。

列单法避免了团队成员之间的相互影响，有效地防止了决策过程中的压制和屈从问题。但是，在实行列单法的过程中，仍应提倡秘密表决，以避免部分参与者屈从权威而不敢表达自己的意愿。在一些团队中甚至规定团队正式会议都可以采取这种方式。

3）德尔菲法

德尔菲法是美国著名的兰德公司发明的一种决策方法。这种方法的名字起源于古希腊著名的德尔菲神谕，目的是避免面对面的讨论所造成的不利影响。德尔菲法又被称为专家调查法，多用于收集专家的意见，可形成专家与决策主持人之间的互动。其基本过程如下：

①由决策主持人或监督小组就某个需要讨论的问题设计出一套问卷。第一次在问卷中提出的问题较为简单，允许专家小组成员自由填卷，然后返回主持人或监督小组，再由主持人汇总归纳之后，返回专家，这一过程可往返多次。专家小组成员可以是某一领域或多个领域中的专家，专家小组成员的选择应根据问卷的目的而定，回答问题的专家之间互不联络，采取背对背的形式，单独完成问卷。

②决策主持人或监督小组将第二轮的意见归纳起来，再设计成一张新的问卷发给专家小组成员，让他们提出改进意见。在返回问卷的同时，要将有关的数据、资料返回给专家，以便理清组内相同的意见和分歧。

③将所有意见通过统计方法进行集中整理，形成一个决策性的建议，供最后的决策人决策时使用。

在使用德尔菲法进行决策的过程中，专家有权提出自己的独立见解。如果这种意见与大多数专家的意见相差较大，应要求专家对自己的建议提出完备的说法。决策主持人要将不同专家的意见及时分析、综合、反馈，逐步形成科学的结论。德尔菲法的效度和信度在很大程度上取决于专家的素质和他们对问题的见解。因此，选择专家要慎重，并注意兼顾专家队伍的学科构成和专业水平。

4）决策树法

组织决策是一项非常复杂的系统工程，决策树法是运用系统论的分析方法，把各种决策方案及可能出现的结果进行分组排列，然后确定最佳方案的决策过程。其图示极像一棵树，故称决策树。

以上是团队决策的常用技术，并被广泛地用于团队决策之中。它们在决策实践中发挥了很大的作用，但又都有一定的局限性，要注意扬长避短。

2. 团队的沟通策略

团队的目标不是简简单单实现的，需要团队成员的努力，积极创造条件才能完成。在新的团队形成时，必须接受早期阶段的挑战；而当群体逐渐成熟时，大多数团队都会面临团队工作的开展难以解决的问题。这时，团队建设就起到了重要作用。团队建设在不同时期采用的沟通策略也有一定的差异。

（1）形成期的沟通策略

形成期是从混乱中理顺头绪的阶段。团队由不同动机、需求与特性的人组成，在此阶段缺乏共同的目标，彼此的关系也尚未建立起来，人与人之间的了解与信任不足，尚在磨合之中，整个团队还没建立规范，或者对规范尚未形成共同看法。这时，团队中的矛盾很多，内耗很大，一致性很少，即使花很多精力也产生不了明显效果。

这一阶段的团队沟通目标是，团队领导立即掌握团队，快速让团队成员进入状态，降低不稳定的风险，确保团队工作步入轨道。

这一阶段的团队沟通表现为控制型。团队目标由团队领导者设立，目标要清晰、合理。

团队领导者要直接告知团队成员自己的想法与目的，不能让成员自己想象或猜测，否则容易偏离目标。团队成员要强调互相支持、互相帮忙。在这一阶段，人与人之间的关系尚未稳定，因此不能太过坦诚。例如，刚到公司的员工，领导问他有何意见时，他最好回答："我还需要多多学习，请领导多指点。"如果他实事求是地、认真地指出缺点与问题，即使很实际，也可能得不到肯定与认同。在这一阶段，要快速建立必要的规范，这时的规范不需要完美，但需要能尽快让团队工作步入正轨；这时的规范不能太多、太烦琐，否则不易理解，不利于执行且影响工作效率。

（2）凝聚期的沟通策略

凝聚期是团队成员开始产生共识与积极参与的阶段。经过一段时间的努力，团队成员逐渐了解团队领导者的想法与组织的目标，互相之间也渐渐熟悉而产生默契，对组织的规范也渐渐了解，违规的事项逐渐减少。这时，日常事务都能正常运作，团队领导者不必特别费心也能维持一定的生产力，但是团队对团队领导者的依赖很重，主要的决策与问题需要团队领导者的指示才能进行。团队领导者的事务繁忙，极有可能耽误决策的进度。

这一阶段的团队沟通目标是，挑选核心成员，培养核心成员的能力，建立更广泛的授权与更清晰的权责划分。

这一阶段的团队沟通表现为相互竞争型。团队领导者的工作重点是在可掌握的情况下，把日常事务授权部属直接去做，并且定期检查和必要的监督；团队领导者还要在成员能接受的范围内对其提出善意的建议；如果有新成员进入，必须使其尽快融入团队之中。团队领导者要注意，在逐渐授权的过程中，要维持控制，不能一下子权力下放太多，否则回收权力时会导致士气受挫。对团队成员进行配合培训在此阶段也很重要。

（3）激化期的沟通策略

激化期是团队成员可以公开表达不同意见的阶段。通过领导者的努力，团队已建立开放的氛围，允许成员提出不同的意见与看法，甚至鼓励建设性的冲突；团队目标由领导者制定转变为团队成员的共同愿景；团队关系从保持距离、客客气气变成互相信赖、坦诚相见；规范由外在限制变成内在承诺。此时期，团队成员融为一体，愿意为团队奉献智慧，创意源源不断。这一阶段的团队沟通目标是，建立愿景，形成自主化团队，协调差异，运用创造力。

这一阶段的团队沟通表现为和谐融洽型。团队领导者必须创造参与的环境，并以身作则，容许团队中出现不同的声音。在初期，可能会有混乱，但如果领导者害怕混乱又重新加以控制，则会导致不良的后果。可以借助建立共同愿景与团队学习有效地渡过这一难关。这一阶段的转型是否成功，是组织长远发展的关键。

（4）成熟期的沟通策略

成熟期是品尝甜美果实的阶段。通过过去的努力，组织形成强而有力的团队，所有成员都有强烈的一体感，团队爆发出前所未有的潜能，创造出非凡的成果，并且能以合理的成本高度满足客户的需求。

这一阶段的团队沟通目标是，保持团队成长的动力，避免组织僵化。团队领导者要能纵观全局，并保持危机意识。团队成员要持续学习，持续成长。

这一阶段的团队沟通表现为协作进取型。进入成熟期的团队能够紧密协调地合作、团队成员了解团队对每个成员的期望，会将时间和精力花在实质性问题而非一些程序性问题上。但是，成熟期的团队在具有协调感的同时，也有变得僵化的风险。团队成员的关系既是一种协调性极强的沟通渠道，又是团队自身健康运作受束缚的绳索，需要通过有效的团队沟通促进组织创新和提高组织效率。

### （四）团队学习

1. 不同取向的团队学习

（1）行为取向的团队学习

行为取向的团队学习强调团队学习过程中团队成员进行互动的具体行为，并认为这些行为对团队绩效具有重要影响。例如，埃德蒙森认为，团队学习是一种基于反思与行动之间相互叠加的过程，并总结概括出该过程中团队成员应有的学习行为，即提出问题，寻求反馈，进行实验，反思结果，讨论错误或出人意料的行为后果。

（2）信息加工取向的团队学习

信息加工取向的团队学习强调团队学习是发生在团队水平上的信息加工过程，尽管团队的信息加工过程与个体的信息加工过程相似，但团队在信息加工的具体方式和特征上与个体是不同的。

有学者从信息加工的角度提出，团队学习的过程中存在几个信息加工的阶段，即明确加工目标、加工处理（注意、编码保存及抽取）、反应、反馈，并认为团队学习贯穿于信息加工的各阶段之中。例如，阿戈特从信息加工角度分析了团队学习过程，并提出团队学习的四个阶段模型。这一模型将团队学习在理论上分成四个阶段，即构建阶段、操作阶段、再构建阶段和与外部环境联系阶段。

（3）结果取向的团队学习

结果取向的团队学习强调团队学习是一种团队成员之间发生的知识转移。团队学习发生的标志主要体现在团队成员在知识和绩效上发生相对持久的改变，并利用组织和团队学习曲线的分析方法来测量团队学习的结果。团队成员通过分享各自的经验使得成员在集体水平上的知识和技能发生相对持久的变化。团队学习包括两个方面，即个体从直接经验中的学习与个体从其他成员的经验中学习。

纵观上述三种对团队学习不同的理论描述，可以明显看到其不同之处主要在于研究者描述的视角存在差异，行为取向和信息加工取向强调学习的过程，而结果取向强调学习的结果；而三种理论描述则一致认为，团队学习是一种基于知识与个体经验共享的团队成员间的互动，团队和个人均能从该互动中获益。

2. 团队学习的特征

团队学习有以下两个特征：

（1）团队目标一致。个人目标与团队目标的一致是团队学习的基本条件。在实际运作中个人目标是无法否定和抹杀的；但个人目标如果最大限度地与团队目标一致，则会推进团队学习的进程。

（2）知识共享。知识共享实质上是内部交易的过程。只有通过知识共享，才能互通有无，共同提高；如果没有知识共享，团队学习只能是一句空话。

3. 团队学习的方式与过程

（1）团队学习的方式

1）交叉式团队学习

团队成员在学习时，可通过吸取他人的长处以弥补自己在知识、信息、技能等各方面的欠缺。团队成员间相互为师，形成学习的磁场，这个磁场有利于吸纳他人的长处。

2）共享式团队学习

团队成员就一个主题展开学习，各自发表自己的见解、看法、建议、意见等。每个成员分享其他成员的思想和信息并可能产生新的思想。团队成员都是学生，在这个主题上都获得了重要的知识和能力的提升。

3）核心式团队学习

团队成员中在某一方面较有成效者，或某一知识显著优于他人者，可成为其他成员的共同教师、指导者。团队成员可向他学习知识，分享他的智慧，共同提升这方面的能力。

4）集束式团队学习

开展某一主题或某一领域的专题论坛，由这一领域有成就的几位专家组成"一束"专家团，他们在这一领域的不同方向上有独特的见解和杰出的成就。这是一个通过小团队的智慧辐射大团队的过程。

（2）团队学习的过程

团队学习的一般过程包括广泛收集外部信息、广泛收集内部信息、把新的信息或创意整合到整个组织中、在组织内共享信息和按照信息采取行动等五个步骤。

4. 团队学习的重要性

团队学习是发展团体成员整体搭配与实现共同目标能力的过程。团队学习对组织与个体来说是双赢的选择，也是双赢的结果。团队学习对员工和组织都有重要意义，表现在以下几个方面：

（1）团队学习可以促进个人成长。由于个体间差异存在，每个人都可以发现自身的比较优势。团队学习可以有效发挥团队成员个人的比较优势；同时，团队学习能使团队智慧融入个人化理念中，以不断适应新形势下开展业务的工作需要；团队成员不但可以免费学习别人的工作技巧和有效方法，还可以展示自己的理解和独特设想，并受到别人的启发而产生灵感。

（2）团队学习有利于提高团队核心竞争力。团队核心竞争力不仅仅是个人的核心竞争力的简单累加，还是为了促进团队核心竞争力的矢量叠加，必须开展团队学习，提倡知识共享。同时，团队中的每个人都可以找到自己核心竞争力发展的支撑点，崇尚互信和无缝配合的一种氛围。

（3）团队学习是发展团队成员整体搭配与实现共同目标能力的过程。团队学习对组织与个体来说是双赢的选择，也是双赢的结果。

（4）团队学习对团队绩效具有直接的正效应。团队学习的效果在对团队绩效的影响中具有重要的作用。团队学习存在两种不同的类型，即团队内部学习与团队外部学习。两种团队学习类型均与团队绩效存在积极的正相关。然而，如果两种学习类型在团队学习中分配不当从而形成冲突，那么则会影响团队绩效。

# 第五章 员工关系管理

企业的经营状况和企业经营获得的收益往往与企业的员工关系有关。我国企业在目前的人力资源管理中，某些管理者往往用自己的亲信掌握人力管理组织大权，但这并不是在新时期企业科学的做法。本章主要对员工关系管理展开论述。

## 第一节 员工关系管理概述

### 一、员工关系与员工关系管理

#### （一）员工关系

"员工关系"（employee relations，ER）一词源自西方人力资源管理体系。在西方资本主义经济发展初期，劳资矛盾激烈、对抗严重，这些给企业发展带来了不稳定因素。在劳资双方的力量博弈中，管理方逐渐认识到了缓和劳资冲突、让员工参与企业经营的正面作用。随着管理理论的发展，人们对人性本质认识的不断进步，以及国家劳动法律体系的完善，企业开始越来越注重加强内部沟通，改善员工关系。

1. 员工关系的内涵

员工关系是组织中由于雇佣行为而产生的关系，是人力资源管理的一个特定领域。因此，员工关系以雇佣契约为基础，以工作组织为纽带。

员工关系是指组织管理方与员工之间产生的，由双方利益引起的，表现为合作、冲突、力量和权利的总和，并受一定的社会经济、技术、政策、法律制度和社会文化背景的影响。员工关系具有两层含义，一是从法律层面，双方因为签订雇佣契约而产生的权利义务关系，即彼此之间的法律关系；另一方面是社会层面，双方彼此间的人际、情感或者道义等关系，即双方权利义务不成文的传统、习惯及默契等伦理关系。

2. 员工关系的特点

员工关系有以下几个特点：

第一，以企业与员工之间的和谐劳动关系为基础。

第二，主要表现为企业内部的工作和人际关系。

第三，本质上是以劳动合作为纽带的利益关系。

3. 员工关系与劳动关系、劳资关系的联系

员工关系又称雇员关系，与劳动关系、劳资关系相近，它以研究与雇佣行为管理有关的问题为特殊现象。员工关系强调以员工为主体和出发点的企业内部关系，注重个体层次上的关系和交流，是从人力资源管理角度提出的一个取代劳资关系的概念，注重和谐与合作是这一概念所蕴含的精神。

## （二）员工关系管理

1. 员工关系管理的内涵

从广义上讲，员工关系管理（employee relations management，ERM）指的是，在企业人力资源体系中，各级管理人员和人力资源职能管理人员，通过拟订和实施各项人力资源政策和管理行为，以及其他的管理沟通手段，调节企业和员工、员工与员工之间的相互关系和影响，从而实现组织的目标并确保为员工、社会增值。

从狭义上讲，员工关系管理就是企业和员工的沟通管理，这种沟通更多采用柔性的、激励性的、非强制的手段，从而提高员工满意度，促使组织管理目标的实现。其主要职责是：协调员工与管理者、员工与员工之间的关系，引导建立积极向上的工作环境。

员工关系管理是以促进企业经营活动的正常开展为前提，以缓和调整企业内部员工冲突为基础，以实现企业管理者与员工的合作为目的的一系列组织性和综合性的管理措施和手段的总和。它强调企业与员工之间的沟通和交流，更多地采用柔性的、激励性的、非强制的手段，注重提高员工满意度，追求企业与员工之间的和谐与合作。

2. 员工关系管理的特点

员工关系管理是人力资源管理的一项基本职能。对这一基本职能，要掌握以下要点：1）员工关系管理是以员工为中心的一种全过程的管理。2）利益关系的协调是员工关系管理的基础和根本。3）心理契约是员工关系管理的核心内容。

具体来说，员工关系管理具有以下特点：

（1）员工关系管理的起点是让员工认同企业的愿景。企业所有利益相关者的利益都是通过企业共同愿景的实现来达成的。因此，员工关系管理的起点是让员工认同企业的愿景。没有共同的愿景，缺乏共同的信念，就没有利益相关的前提。但凡优秀的企业，都是通过确立共同的愿景，整合各类资源，人力资源包括在内，让整个组织不断发展和壮大，牵引成员通过组织目标的实现，实现个体的目标。

（2）完善激励约束机制是员工关系管理的根本。企业的生存与发展是多种利益相关者共赢的结果。因此，建立企业与员工同生存、共发展的命运共同体，是处理员工

关系的根本出发点。如何完善激励约束机制,建立科学合理的薪酬制度包括晋升机制等,合理利用利益关系,就成了员工关系管理的根本问题。

(3)职能部门负责人和人力资源部门是员工关系管理的首要责任人。在企业员工关系管理系统中,职能部门负责人和人力资源部门处于连接企业和员工的中心环节。他们相互支持和配合,通过各种方式,一方面协调企业利益和员工需求之间的矛盾,提高组织的活力和产出效率;另一方面通过协调员工之间的关系,提高组织的凝聚力,从而保证企业目标的实现。因此,职能部门负责人和人力资源部门是员工关系管理的关键,是实施员工关系管理的首要责任人,他们的工作方式和结果,是企业员工关系管理水平和效果的直接体现。

(4)心理契约是员工关系管理的核心部分。美国心理学家施恩提出了"心理契约"这一概念。虽然心理契约不是有形的,却发挥着有形契约的作用。企业清楚地了解每个员工的需求和发展愿望,并尽量予以满足;而员工也为企业的发展全力奉献,因为他们相信企业能满足他们的需求与愿望。心理契约的主体是员工在企业中的心理状态,通过工作满意度、工作参与度和组织承诺三个指标来衡量。

3. 员工关系管理的内容

员工关系管理是企业设置较晚、功能相对不统一的人力资源管理职能模块,尽管它包含的工作最琐碎且不易呈现价值,却是构建组织人力资源框架的重要组成部分。

员工关系管理的内容是:劳动合同及相关的员工关系管理;员工离职和裁员管理;纪律、惩戒及员工不良和不健康行为管理;员工参与和沟通管理;员工抱怨、申诉和劳动争议处理;员工保护与员工援助;员工满意度调查和分析;非正式员工的员工关系管理。

4. 员工关系管理的目标

员工关系管理在不同企业、及企业发展的不同时期有着不同的目标。员工关系管理的基本目标是提高员工满意度、忠诚度和敬业度,进而提高企业生产率,维持企业的竞争优势,使企业在竞争中获胜。员工关系管理的最高目标,应该是做到让员工把所有的精力放在工作上。

建立和谐的员工关系,也是企业文化建设和树立良好企业形象的重要方面。良好的员工关系管理能够极大地增强企业的竞争优势。员工关系管理在企业中起到很重要的作用,很多大企业都会设立员工关系经理或员工关系专员,比如IBM、雅芳、宝洁等著名企业分别设有自己的员工关系经理,专门负责做好员工关系的管理工作。

## 二、员工关系管理的环境、发展脉络和演变趋势

### （一）员工关系管理的环境

员工关系管理的环境因素，如表 5-1 所示。

表 5-1 员工关系管理的环境因素

| | 主要因素 | 具体项目 | 作用 |
|---|---|---|---|
| 外部环境 | 政治法律、环境 | 经济政策、就业政策、教育培训政策，我国的《中华人民共和国劳动法》《中华人民共和国劳动合同法》等 | 改变雇佣关系的运行规则；通过政策调节企业员工关系管理的一般环境；通过立法规范雇主和雇员的关系 |
| | 经济环境 | 经济全球化<br>劳动力市场<br>产业结构变化 | 资本的流动影响雇佣关系的和谐、劳动关系各方权力制衡机制的变化、跨文化管理；劳动力规模和供求结构的变化、失业率、非正规就业出现、劳动力队伍复杂化 |
| | 技术变化 | 制造技术，如机器人<br>信息技术，如互联网<br>生物技术，如生物工程<br>能源技术，如太阳能<br>管理技术，如组织创新 | 技术变革对工作方式的影响技术变革对员工工作角色和知识技能的影响<br>新技术导致团队工作的增多<br>网络技术改变了管理职能和方式<br>技术变革加剧了员工之间的竞争和心理压力 |
| | 社会文化、环境 | 社会文化差异<br>教育水平差异<br>工作价值观 | 社会文化差异与员工关系管理<br>教育水平差异与员工关系管理<br>工作价值观差异与员工关系管理 |
| | 工会或其他、员工组织 | 建立政策的防范机制<br>保障个人安全 | 扩充和制衡职能<br>维护职能<br>教育职能<br>监督职能<br>协调职能 |
| 内部环境 | 组织机构 | 官僚结构的组织<br>扁平化结构的组织<br>工作团队式的组织 | 自我管理团队不断挖掘、培养处理各种管理实务、技术、客户及决策的能力 |
| | 工作环境 | 安全、健康、保险等 | 员工福利和工作生活质量的要求 |
| | 经营战略 | 战略、观念、使命和目标、信念等 | 保证员工具有高度责任感，企业状况改观等 |
| | 管理者和管理方式 | 管理各项职能 | 管理高效，组织高效 |
| | 企业文化 | 制度因素 | 让领导者和员工间相互信任和尊重 |

## (二)员工关系管理的发展脉络和演变趋势

员工关系管理的发展,如表 5-2 所示。

表 5-2 员工关系管理的发展

| 时期 | 时代背景 | 管理思想 | 员工关系的特点 |
| --- | --- | --- | --- |
| 早期工业化时代(18世纪50年代~19世纪50年代) | 18世纪后半期,以蒸汽机的发明为标志的工业革命,使资本主义工业时代开始 | 亚当·斯密的思想是当时的主流思想(劳动创造的价值是利润的源泉"看不见的手") | 对抗关系,劳动关系处于不稳定和直接的对立状态 |
| 科学管理时代(19世纪50年代~20世纪初) | 第二次科技革命,经济危机多次爆发,政府重视雇佣关系 | 泰勒和科学管理理论、韦伯和行政组织理论、法约尔和管理职能理论 | 工人运动有了进一步发展,雇主开始让步,劳资矛盾弱化,政府为巩固政权开始对改善工人状况进行国家干预 |
| 行为科学时代(20世纪初~20世纪50年代) | 第三次科技革命,第二次世界大战,经济危机 | 工业心理学 霍桑实验 | 三方性原则(政府、雇主、员工)开始出现 |
| 现代成熟的员工关系(20世纪50年代~20世纪90年代) | 科技蓬勃发展,资本力量增加 | 经验主义学派经理角色学派 权变理论 | 政府通过立法间接干预员工关系 |
| 当前 | 跨国企业和集团大量出现,经济信息技术高速发展 | 人本管理 战略管理 | 人本管理成为人力资源经理的哲学基础,知识员工成为管理的主要对象,工作与生活方式纳入员工关系管理的视野,人员和管理多样化成为员工关系管理的新挑战 |

## 三、我国员工关系管理的现状及误区

### (一)我国员工关系管理的现状

目前,我国很多企业对员工关系的理解还停留在劳动关系管理的初级阶段,存在员工关系管理职能范围有限,相关从业人员专业技能有限等问题。

第一,很多中国企业对员工关系管理认知不足,大部分企业没有设置独立的员工关系管理岗位,即使有,也没有能够充分履行员工关系管理的职能。很多企业的员工关系管理仅局限在劳动关系(劳动合同)管理和简单的企业文化活动方面。

第二,员工关系管理人员专业技能有限。很多从业者的知识和经验均不全面或相对较弱,而有关劳动法规、沟通、员工活动等领域的知识技能成为从业者亟待提升的核心能力。

第三,很多企业在营造"赞赏/激励"的企业文化氛围方面较弱,旅游成为企业非货币激励的主要手段。

第四，员工关怀更偏重物质关怀，如年度体检等，且项目分散（或只偏重高层人员），而精神的关怀层面，比如压力冲突化解、员工帮助热线及婚姻家庭关系等采用率较低。

第五，在长期激励方面，企业手段有限，股票等长期激励利用不够。总的来说，企业福利主要体现在企业班车和工作餐等方面，甚至许多企业只提供国家规定的"五险一金"，少数企业保险都不缴纳。

### （二）我国员工关系管理的误区

1. 缺乏共同的愿景，导致员工关系管理的起点不清晰。企业共同愿景首先必须是企业利益相关者的共同追求。由此，员工关系管理的起点是让员工认同企业的愿景。没有共同的愿景，缺乏共同的信念，就没有利益相关的前提。据估计，中国年度营业收入规模在2亿元以上的企业存在清晰战略愿景的不到20%。很多企业也提出了远大的目标，但是目标的制定缺乏员工的参与，目标的宣传贯彻远远不够，员工对愿景的不认同也就在所难免。

2. 缺乏完善的激励约束机制，导致员工关系管理失去根本内容。员工关系管理的根本是内部公平。调查显示，员工离职的第一原因不是薪酬水平低，而是员工内部的不公平感。内部不公平体现在激励、职业发展、授权等方面。从程序看，过程的不公平比结果的不公平更加突出。因此，如何完善激励约束机制，建立科学合理的薪酬制度和晋升机制成为员工关系管理的根本。

3. 员工关系管理的主体不清晰，直线经理作为员工关系管理的首要责任人的理念没有得到广泛确认。在企业员工关系管理系统中，职能部门负责人和人力资源部门处于连接企业和员工的中心环节。人力资源部是公司员工关系管理的组织部门，广大的直线经理是员工关系管理的首要负责人，他们相互支持和配合，从而保证企业目标的实现。企业内部员工关系或者人力资源管理的最大责任者是董事长或者总经理，但是这一观点在很多企业得不到确认，导致企业员工关系管理水平和效果得不到有效的体现。

4. 员工需求的实现程度不高，作为员工关系管理核心的心理契约总体失效。目前企业对合同、协议等契约比较重视，却普遍忽视了心理契约，企业没有清楚地了解每个员工的需求和发展愿望，并尽量予以满足；也没有对员工的需求进行适当的引导，导致员工需求期望的实现程度不高。老板和员工心理定位差距较大，双方的满意度都较低。

## 第二节 员工关系的全过程管理

全面关系管理在全球广泛流行的时候,作为企业,无不希望通过提高客户和员工的满意度,来增强其对企业的忠诚度,从而提高对企业的贡献度。因此,对外实行客户关系管理(CRM,即 customer relations management),对内实行员工关系管理(ERM)就成为必然。但员工关系管理"管什么",很多企业对此认识并不清晰,甚至存在一定的误区。

员工关系管理贯穿于人力资源管理的方方面面,从把员工招进公司来的第一天起,员工关系管理工作就开始了。再者,员工关系不能外包,因为做好员工关系管理,必须对企业文化、员工特性、企业面临的环境要有清楚的了解。

### 一、劳动关系管理

#### (一)员工入职管理

员工入职管理指的是新员工入职时员工关系专员对新员工的一系列的入职手续办理。此部分可制定专门的《员工入职管理办法》来指导入职管理的工作,其主要内容如表 5-3 所示。

表 5-3 员工入职管理的不同阶段和工作内容

| 时段 | 工作内容 |
| --- | --- |
| 入职前 | ·新员工入职手续办理所需表单、办公设备、办公用品等的准备<br>·通知新员工所属部门准备报到事宜:准备座位,指定导师,拟订岗前业务技能培训计划<br>·通知人力资源部培训专员准备新员工的岗前教育培训计划 |
| 入职中 | ·新员工接待及《新员工入职登记表》的填写,档案收集及验证<br>·根据《新员工入职流转单》引领新员工到部门报到,将其介绍给部门负责人<br>·部门负责人指定本部门人员带领新员工熟悉公司内外环境,介绍部门情况、部门人员<br>·办公用品、办公设备的领用及 OA 办公系统等账号的申请<br>·入职沟通 |
| 入职后 | ·劳动合同及其他公司补充协议的签订及等级、社保缴纳<br>·根据《新员工入职培训管理办法》与《新员工试用期考核管理办法》开展入职培训和试用期考核 |

#### (二)员工离职管理

1. 离职类别

(1)辞职:在任职期间,由员工提出提前终止劳动雇佣关系的行为。

（2）辞退：在任职期间，员工工作表现、技能等不符合公司要求或严重违反劳动纪律，或因劳动合同无法继续履行等情况，公司决定提前终止与员工的劳动雇佣关系的行为。

（3）自动离职：在合同期内，员工未经公司批准而擅自离开工作岗位的行为，根据公司《员工手册》中的规定，非因不可抗力当月连续或累计旷工3天及以上，年度累计旷工4天及以上，即视为自动离职。

（4）合同期满（不再续签劳动合同）：

1）公司提出不再续签劳动合同：合同期满，公司根据情况不再与员工续签劳动合同，并提前30天书面通知员工的行为。

2）员工提出不再续签劳动合同：合同期满，员工不愿与公司续签劳动合同，并提前30天以书面申请的方式通知公司的行为。

2. 离职办理

无论是上述哪一种类别的离职情况，一般均要按照以下程序办理，具体可通过制定《离职管理办法》来撰写详细的指导说明并办理。

3. 辞退员工的程序

试用期员工一般采用劝退（劝其辞职）的方式处理，这样其职业履历上不至于留下辞退的痕迹，有利于其未来职业的发展。

已经转正的员工，则要严格按照下面的程序给予办理。企业需要大规模辞退员工的时候，可能会辞退一些优秀员工，也可能会辞退一些在正常工作情况下表现不太好、绩效不佳的员工，在这些情况下一般要遵守同样的辞退员工的程序：

（1）口头警告：要保证在采取最后行动之前，已经与员工进行过正式的沟通。要让员工有一点心理准备，至少不感到突如其来。特别是对那些犯错误的员工要保证在采取最后行动之前已经给予正式警告。

（2）书面通牒：仅仅给予正式的口头警告是不够的，还要有经过双方签字确认的书面警告，只有做到这些，公司才算具有了辞退员工的资格。

（3）辞退谈话：辞退谈话前，要准备好如何应对被辞退员工可能马上或稍后会有的反应冲动或不理智行为，提前设想可能发生的情况，并做好相关的预防工作。

（4）离职办理：按正常离职程序给予办理，但要注意：1）辞退员工后要马上更换公司的密码锁、门卡等，同时收回这些员工的钥匙等物件。2）要提前做好其他员工的知会工作，以避免造成群情激愤、胡乱议论的后果。

4. 善待离职员工

处理好离职员工关系直接影响到公司口碑，影响到招聘效果。其要点是：

（1）合法补偿，不要让员工走的时候因为钱而怨恨公司。

（2）组织欢送会，温暖员工心灵（考虑被辞退员工的感受，辞退员工一般静悄悄处理）。

（3）对服务企业一定期限的员工，可赠送纪念品，如印上字的水晶杯。

（4）离职手续一定快速办理，特别是与财务有关的。

[案例]

隆力奇人走茶不凉

每年年终，隆力奇的人力资源部都要安排两档固定节目。一档是给那些曾经在隆力奇工作过、如今已经离去的员工，精心设计一份新年贺卡，由董事长亲自审阅并签名后寄出。这是一封看似很普通却极具内涵的贺卡，字里行间让每一位曾经在隆力奇付出过心血与汗水的员工感受到温暖。

除了新年的问候之外，更多的是关心他们现在的境况，包括工作、生活。公司热情欢迎他们有机会再回隆力奇看看。而最让人感动的是最后这么几句话"如果在外干得不顺心、不如意，欢迎随时回来，隆力奇的大门始终是敞开的"。这多少有些出人意料。

第二档节目，是根据董事长的意见，邀请离职高层，回"娘家"看看。每当这一天，董事长都会在公司总部早早地等候，陪同他们到公司各处参观，详细介绍公司的变化发展及公司最新的发展战略，真心实意地听取他们的批评、建议。

"人走茶不凉"，不仅折射出隆力奇的"人才观"，更折射出作为集团公司当家人的胸襟。它不但使隆力奇集团汇聚大批的人才，而且使因各种原因离开公司的高管没一个成为隆力奇的竞争对手。

## （三）劳动合同管理

劳动合同管理的主要要点有四个：

第一，加强员工关系专员对相关法律法规的学习，减少人员操作引发的争议。

第二，制定《劳动合同管理办法》，对劳动合同的具体管理给予详细的指导。

第三，建立劳动合同发放后的收签表格让员工及时签收。

第四，严格按照有关法律的要求及时新签或续签劳动合同。

[案例]

问题双方续订合同程序符合法律规定吗？

张某系职业高中毕业生，毕业后到某合资饭店工作，并与饭店正式签订了为期两年的劳动合同。在劳动合同终止前的一个月，张某就合同到期后希望与饭店续订一事向饭店提出了请求，饭店人事部表示同意并答复张某过一个月后来办手续。一个月以后，张某要求续订合同时，人事部负责人却突然提出：续订劳动合同可以，不过必须先交一部分续订手续费。张某认为：续订劳动合同是双方协商一致的事情，还要交手续费简直是欺负人，我还不和你续订了呢，走人！

于是，张某打算在合同到期时走人，但在合同到期前一天，人事部突然通知张某去商量续订劳动合同事宜。张某虽然还是很气愤，但为了保住工作，还是续订了劳动合同，却对饭店留下了一个很不好的印象。

### （四）人事档案管理

为了规范公司人事档案的管理工作，提高人事档案的管理水平，保守人事档案的机密，维护人事档案材料的完整，便于高效、有序地利用人事档案材料，同时规避可能存在的劳动用工风险，一般需要制定《人事档案管理办法》来指导具体的人事档案管理工作。

人事档案主要包括人员入职时基本资料、在职期间资料、离职资料三大部分及其他资料，具体内容可在管理办法中进一步明确。

### （五）员工信息管理

员工信息管理对企业很重要，它既是企业的"信息情报部"，又是企业的"决策参谋部"。因此，一定要做好员工信息管理工作。所谓员工信息管理，是指利用一系列的软件，如人力资源管理软件或者自设的表格等，尽量把员工所有信息全部记录汇总并进行管理。

员工信息包括员工的出生年月、婚姻状况等基本信息，也含有员工技能等重要信息。这种信息管理还要注意随时根据员工的发展进行第一时间的内容更新。比如，员工受训回来后，就要马上把他新学会的技能放入信息管理表格中。信息管理正是在这个意义上体现出"信息情报部"的特点。

"信息情报部"最终要服务于"决策参谋部"。当企业出现职位空缺想通过内部调整、内部提升的时候，信息库的作用就显现出来了。了解员工的技能、了解员工参加培训的情况及其是否有转岗的意愿等，能够帮企业迅速找到内部的合适人选，这样可以节省向外招聘的猎头费、招聘费、广告费，而这正是员工信息管理的真正目的。

### （六）劳动争议处理

劳动争议，也称劳资争议，是指劳资关系当事人之间因为对薪酬、工作时间、福利、解雇及其他待遇等工作条件的主张不一致而产生的纠纷。

1. 目前我国劳动争议现状

目前我国的劳动争议现状是：劳动争议案件数高速增加；其他性质企业劳动争议案件数量明显超过国有企业劳动争议案件；劳动者的申诉率高，胜诉率也高；经济发达地区的劳动争议案件大大多于经济发展滞后的地区；劳动争议案件处理中，依法裁决的比重进一步加大。

2. 劳动争议的原因

劳动争议的原因有宏观和微观两个方面，具体如表5-4所示。

表 5-4 产生劳动争议的原因

| 宏观原因 | | 劳动关系主体双方的具体经济利益差异性更加明显，劳动立法及劳动法规的制定滞后且不配套，人们的法制观念淡薄，过去劳动关系中长期遗留问题的显性化 |
|---|---|---|
| 微观原因 | 企业层面 | ·企业内部劳动规章制度不合理、不健全或不依合理程序制定，企业法制观念淡薄，人力资源管理人员缺少在劳动争议管理方面的专业训练，企业改制和一些企业经营困难导致劳动争议的产生，一些企业知法犯法造成劳动争议 |
| | 个人层面 | ·贪图私利，存在钻企业政策空子的心理<br>·法制观念淡薄<br>·习惯观念制约 |

3.劳动争议的主要类型

劳动争议的主要类型有：因确认劳动关系发生的争议；因订立、履行、变更、解除和终止劳动合同发生的争议；因除名、辞退和辞职、自动离职发生的争议；因工作时间、休息休假、社会保险、福利、培训以及劳动保护发生的争议；因劳动报酬、工伤医疗费、经济补偿或者赔偿金等发生的争议；法律、法规规定的其他劳动争议。

4.劳动争议的处理程序

用人单位与劳动者发生劳动争议，当事人可以依法申请调解、仲裁、提起诉讼，也可以协商解决。相应的机构是用人单位设立的劳动争议调解委员会、劳动争议仲裁委员会，以及人民法院。劳动争议发生后，当事人可以向本单位劳动争议调解委员会申请调解。调解不成，当事人一方要求仲裁的，可以向劳动争议仲裁委员会申请仲裁。当事人一方也可以直接向劳动争议仲裁委员会申请仲裁。对仲裁裁决不服的，可以向人民法院提起诉讼。

在用人单位内设立的劳动争议调解委员会由职工代表、用人单位代表和工会代表组成。劳动争议调解委员会主任由工会代表担任。劳动争议仲裁委员会由劳动行政部门代表、同级工会代表、用人单位方面的代表组成。劳动争议仲裁委员会主任由劳动行政部门代表担任。

## 二、员工纪律管理

员工关系管理一个重要的相关职能是员工的纪律管理。所谓纪律管理，是指维持组织内部良好秩序的过程，也是凭借奖励和惩罚措施来纠正、塑造及强化员工行为的过程，或者说是将组织成员的行为纳入法律的环境，对守法者给予保障，对违法者予以适当惩罚的过程。

### （一）员工奖惩管理

奖励和惩罚是纪律管理不可缺少的方法。奖励属于积极性的激励诱因，是对员工某项工作成果的肯定，旨在利用员工的上进心、荣誉感，促使其守法守纪，负责尽职，并发挥最高的潜能。奖励可以给员工带来高度的自尊、积极的情绪和满足感。

惩罚则是消极的诱因，其目的是利用人的畏惧感，促使其循规蹈矩，不敢实施违法行为。惩罚会使人产生愤恨、恐惧或挫折，除非十分必要，否则不要滥施惩罚。

1. 奖惩的原理：热炉法则

每个公司都有自己的"天条"及规章制度，单位中的任何人触犯了都要受到惩罚。热炉法则形象地阐述了惩处原则。

（1）警告性原则：热炉火红，不用手去摸也知道炉子是热的，是会灼伤人的。领导者要经常对下属进行规章制度教育，以警告或劝诫不要触犯规章制度，否则会受到惩处。

（2）严肃性原则：碰到热炉，肯定会被灼伤。也就是说，只要触犯规章制度，就一定会受到惩处。

（3）即时性原则：你碰到热炉时，立即就被灼伤。惩处必须在错误行为发生后立即进行，不拖泥带水，决不能有时间差，以达到及时改正错误行为的目的。

（4）公平性原则：不管谁碰到热炉，都会被灼伤。

2. 员工奖惩的限制条件

我国法律规定，奖惩时，以下这三项限制条件缺一不可：

（1）规章制度的内容合法，即管理制度的内容不能与现行法律法规、社会道德等相背离。

（2）规章制度要经过民主程序制定，即企业规章制度必须经过职工大会或职工代表大会，或至少是职工代表同意。

（3）规章制度要向员工公示，即规章制度出台后要公开告知员工。

### （二）员工冲突管理

什么是冲突？企业组织中的成员在交往中产生意见分歧，出现争论、对抗，导致彼此间关系紧张，该状态称为冲突。冲突根源于冲突各方利益追求的多样化且趋向无限大，社会或组织所能供给的资源却十分有限。所以，冲突是无所不在的。

1. 员工冲突的作用

（1）消极作用：影响员工的心理健康；造成组织内部的不满与不信任；导致员工和整个组织变得封闭、缺乏合作；阻碍组织目标的实现。

（2）积极作用：促进问题的公开讨论；提高员工在组织事务中的参与度；增进员工间的沟通与了解；化解积怨，促进问题的尽快解决。

2. 员工冲突处理的职责定位

作为冲突双方的责任人，要本着求同存异的原则，尽量化解冲突；当冲突双方不可调和时，由冲突双方的领导出面。直线经理工作内容的一部分就是确保工作团队能够在一起运作良好。人力资源应当作为直线经理在这方面需要帮助时可以向其求助的一个资源。所以，各方面都应该完美地相互配合并且保持和平状态。

3.员工冲突处理的策略

员工冲突处理的策略，如表5-5所示。

表5-5 处理员工冲突的策略

| 策略类型 | 适用的冲突类型 |
| --- | --- |
| 强制策略 | ·遇紧急情况，必须采取果断行动时；处理严重违纪行为和事故时 |
| 妥协策略 | ·双方各持己见且势均力敌，但又不能用其他的方法达成一致时<br>·形势紧急，需要马上把问题达成一致时<br>·问题很严重，又不能采取独裁或合作方式解决时 |
| 和解策略 | ·需要维护稳定大局时<br>·激化矛盾会导致更大的损失时<br>·做出让步会带来长远利益时 |
| 合作策略 | ·双方有共同的利益，且可以通过改变方法策略满足双方的意愿时 |
| 回避策略 | ·处理无关紧要或者处理没有可能解决的问题时<br>·解决问题的损失可能超过收益时 |

## 三、员工沟通管理

### （一）员工申诉管理

员工申诉，是指组织成员以口头或书面等正式形式，表现出来的对组织或企业有关事项的不满。

1.员工申诉的种类

（1）个人申诉：多是由于管理方对员工进行惩罚引起的纠纷，通常由个人或工会的代表提出。争议的焦点，是违反了集体协议中规定的个人和团体的权利，如有关资历的规定、工作规则的违反、不合理的工作分配或工资水平等。

（2）集体申诉：是为了集体利益而提起的政策性申诉，通常是工会针对管理方（在某些情况下，也可能是管理方针对工会）违反协议条款的行为提出的质疑。

2.员工申诉的制度

欧美许多企业，大多都制定有申诉制度（grievance system），以使员工能够遵循正式途径宣泄其不满情绪，化解内部紧张关系，进而消除劳资争议。组织内员工申诉制度的建立，具有如下意义：提供员工依照正式程序，维护其合法权益的通道；疏解员工情绪，改善工作气氛；审视人力资源管理政策与制度等的合理性；防止不同层次的管理权的不当使用；减轻高层管理者处理员工不满事件的负荷，提高企业内部自行解决问题的能力，避免外力介入或干预，使问题扩大或恶化。

3. 员工申诉的范围

员工申诉一般限于与工作有关的问题。凡是与工作无关的问题，通常应排除在外。一般来说，可以通过申诉制度处理的事项主要有：薪资福利、劳动条件、安全卫生、管理规章与措施、工作分配及调动、奖惩与考核、群体间的互动关系及其他与工作相关的不满。

### （二）心理咨询服务

心理咨询服务就是应用心理学方法，凭借语言帮助员工解决心理冲突，缓解精神压力，促使员工适应社会和健康发展的过程。心理咨询服务产生于20世纪40年代，在20世纪60~70年代得到大量应用，目前依然是现在企业中最时髦、最流行的一种福利。这项福利的产生来源于日益强烈的竞争压力。

心理咨询服务项目主要有：工作及生活压力、婚姻与家庭、精神健康、法律及财务事宜、人际关系、职业生涯发展、其他个人及工作挑战等。

1. 职业心理健康三级预防模式

（1）初级预防：消除诱发问题的因素。初级预防的目的是减少或消除任何导致职业心理健康问题的因素，并且更重要的是建立一个积极的、支持性的和健康的工作环境。

（2）二级预防：教育和培训。教育和培训旨在帮助员工了解职业心理健康的知识，帮助管理者掌握员工心理管理的技术。

（3）三级预防：员工心理咨询。员工心理咨询是指由专业心理咨询人员向员工提供个别、隐私的心理辅导服务，以解决他们的各种心理和行为问题，使他们能够保持较好的心理状态来生活和工作。

2. 员工帮助计划

员工帮助计划（employee asistance program，EAP）又称员工帮助项目或员工援助项目，是由组织为员工设置的一套系统的、长期的福利与支持项目。其目的在于通过系统的需求发掘渠道，协助员工解决其生活及工作问题，如工作适应、感情问题、法律诉讼等，帮助员工排除障碍，提高适应力，最终提升企业生产力。目前在世界500强企业中，80%以上建立了员工帮助计划，在美国有将近1/4的企业员工享受员工帮助计划。

### （三）员工满意度调查

现代企业管理有一个重要的理念，即把员工当"客户"。员工是企业利润的创造者，是企业生产力最重要和最活跃的要素，同时也是企业核心竞争力的首要因素。企业的获利能力主要是由客户忠诚度决定的，客户忠诚度是由客户满意度决定的，客户满意度则是由员工来创造的，而员工对公司的忠诚度取决于其对公司是否满意。所以，欲提高客户满意度，需要先提高员工满意度，前者是流，后者是源。如果没有员工满意度这个源，客户满意度这个流也就无从谈起。

员工满意度调查（employee satisfaction survey）是一种科学的人力资源管理工具，它通常以问卷调查等形式，收集员工对企业管理各个方面满意程度的信息，然后通过专业、科学的数据统计和分析，真实反映公司经营管理现状，为企业管理者决策提供客观的参考依据。

员工满意度调查有助于培养员工对企业的认同感、归属感，不断增强员工对企业的向心力和凝聚力。员工满意度调查活动使员工在民主管理的基础上树立以企业为中心的群体意识，从而潜意识地对组织集体产生强大的向心力。

1. 员工满意度调查的内容

进行员工满意度调查可以对企业管理进行全面审核，保证企业的工作效率和最佳的经济效益，减少和纠正低生产率、高损耗率、高人员流动率等紧迫问题。员工满意度调查将分别对以下几个方面进行全面评估或针对某个专项进行详尽考察。

2. 员工满意度调查的实施

员工满意度调查由人力资源部在征得领导层支持的前提下，设计调查问卷，于每年的第四季度开展，然后根据调查结果，形成调查报告，并根据报告的结果给出提升员工满意度的工作建议，与报告一起上报公司领导审阅。如果工作建议被获准采纳，将于来年再实施开展。以下为实施员工满意度调查的几点经验：

（1）应设计员工满意度调查的实施方案（含组建实施项目小组），请领导把关审批。

（2）调查问卷设计可涵盖满意度题目（1~5分型设计）、单选题、多选题和开放式问答题。

（3）建议匿名调查，并在实施调查前做好宣导，让员工珍惜意见反馈和献计献策的机会，认真对待。

（4）如果公司条件允许，可以通过IT手段实施调查。

（5）如果公司规模大，人数多，可以分职工类、职员类、管理者类，分别设计不同的问卷，有针对性地调查。

（6）如果需要分别统计各部门的满意度，可以在匿名的基础上，让员工提供部门信息（在选项中设计）。

## 四、员工活动管理

为了丰富员工的文娱生活，增进员工之间的沟通交流，调动员工，工作积极性，缓解工作压力，实现劳逸结合，增强团队凝聚力，体现公司对广大员工的关爱，企业一般都会定期举办企业文化活动。活动的内容包括并不仅限于以下项目：体检、拓展、旅游、员工联谊、聚餐、年会及员工参与性较强的文娱体育活动等。

人力资源管理者在员工活动管理中的职责主要是:《员工活动管理办法》的制定及颁布；员工活动的费用预算及发放；公司活动的组织、实施、总结和改进；部门活动的审核及支持。

## 第三节 劳动关系和劳动合同管理

劳动关系是劳动者和劳动力使用者在劳动过程中发生的社会关系。企业对劳动关系应当依法进行管理。所谓劳动法，是调整劳动关系及与劳动关系有密切联系的其他社会关系的法律规范的总称。劳动者与用人单位依法确定双方的权利义务，缔结劳动关系后，就形成了劳动法律关系。

对企业来说，进行劳动法律关系的管理主要是围绕劳动合同展开的。劳动合同是劳动者与用人单位确立劳动关系、明确双方权利和义务的协议。劳动合同管理的法律依据主要是《中华人民共和国劳动法》(以下简称《劳动法》)和《中华人民共和国劳动合同法》(以下简称《劳动合同法》)，以及《中华人民共和国劳动合同法实施条例》等其他与劳动合同内容有关的法律法规。

### 一、劳动合同的内容

《劳动法》和《劳动合同法》规定了劳动合同应具备的条款，具体内容可参考各地发布的劳动合同书范本（如《河南省劳动合同范本》等）。

### 二、劳动合同的订立

劳动者被聘用后，企业应当向其发放录用通知，并介绍劳动合同草案，经过协商一致没有异议后，双方签字或盖章，劳动合同生效。劳动合同文本由用人单位和劳动者各执一份。

#### （一）劳动关系的建立与劳动合同的签订

用人单位自用工之日起即与劳动者建立劳动关系。用人单位应当建立职工名册备查。建立劳动关系，应当订立书面劳动合同。已建立劳动关系和未同时订立书面劳动合同的，应当自用工之日起一个月内订立书面劳动合同。用人单位与劳动者在用工前订立劳动合同的，劳动关系自用工之日起建立。

自用工之日起一个月内，经用人单位书面通知后，劳动者不与用人单位订立书面劳动合同的，用人单位应当书面通知劳动者终止劳动关系，无需向劳动者支付经济补偿，但是应当依法向劳动者支付其实际工作时间的劳动报酬。《劳动合同法》第七条规定：职工名册，应当包括劳动者姓名、性别、居民身份号码、户籍地址及现住址、联系方式、用工形式、用工起始时间、劳动合同期限等内容。

### （二）关于合同效力

劳动法合同无效或部分无效的情况有：

1.以欺诈、胁迫的手段或者乘人之危，使对方在违背真实意思的情况下订立或者变更劳动合同的；2.用人单位免除自己法定责任、排除劳动者权利的；3.违反法律、行政法规强制性规定的。对劳动合同的无效或者部分无效有争议的，由劳动争议仲裁机构或者人民法院确认。

### （三）劳动合同期限与试用期

关于劳动合同期限的分类，如表5-6所示。

表5-6 劳动合同期限分类

| 劳动合同期限 | 含义 | 订立条件 |
| --- | --- | --- |
| 固定期限 | 指用人单位与劳动者约定合同终止时间 | 用人单位与劳动者协商一致，即可订立 |
| 无固定期限 | 指用人单位与劳动者约定无确定终止时间 | 一般情况下，用人单位与劳动者协商一致，即可订立<br>除非劳动者提出订立固定期限，否则必须订立无固定期限的情况：1）劳动者在该用人单位连续工作满十年的（用工之日起计算）；2）用人单位初次实行劳动合同制度或者国有企业改制重新订立劳动合同时，劳动者在该用人单位连续工作满十年且距法定退休年龄不足十年的；3）连续订立二次固定期限劳动合同，且劳动者没有本法第三十九条和第四十条第一项、第二项规定的情形，续订劳动合同的。用人单位自用工之日起满一年不与劳动者订立书面劳动合同的，视为用人单位与劳动者已订立无固定期限劳动合同 |
| 以完成一定工作任务为期限 | 指用人单位与劳动者约定以某项工作的完成为合同期限 | 用人单位与劳动者协商一致，即可订立 |

## 三、其他用工形式

### （一）集体合同

1.可订立集体合同的情形：就劳动报酬、工作时间、休息休假、劳动安全卫生、保险福利等事项订立集体合同；劳动安全卫生、女职工权益保护、工资调整机制等专项集体合同；县级以下区域内，建筑业、采矿业、餐饮服务业等行业可以由工会与企业方面代表订立行业性集体合同，或者订立区域性集体合同。

2. 集体合同的签订主体：工会或职工代表、用人单位。

3. 集体合同的生效：集体合同订立后，应当报送劳动行政部门；劳动行政部门自收到集体合同文本之日起十五日内未提出异议的，集体合同即行生效。

### （二）劳务派遣

劳动合同用工是我国企业的基本用工形式。劳务派遣用工是补充形式，只能在临时性、辅助性或者替代性的工作岗位上实施。临时性工作岗位，是指存续时间不超过六个月的岗位；辅助性工作岗位，是指为主营业务岗位提供服务的非主营业务岗位；替代性工作岗位，是指用工单位的劳动者因脱产、学习、休假等原因无法工作的一定期间内，可以由其他劳动者替代工作的岗位。用工单位应当严格控制劳务派遣的用工数量，不得超过其用工总量的一定比例。

1. 劳务派遣合同的签订主体：劳务派遣单位与被派遣劳动者。

2. 劳务派遣协议和被派遣劳动者的知情权：劳务派遣单位与用人单位应签订劳务派遣协议，协议中应当约定派遣岗位和人员数量、派遣期限、劳动报酬和社会保险费的数额与支付方式以及违反协议的责任。派遣协议的内容应告知被派遣劳动者。

3. 劳务派遣合同的期限：二年以上固定期限。劳务派遣单位不得以非全日制用工形式招用被派遣劳动者。

4. 用工单位的义务：对被派遣劳动者实行同工同酬；执行国家劳动标准，提供相应的劳动条件和劳动保护；告知被派遣劳动者的工作要求和劳动报酬；支付加班费、绩效奖金，提供与工作岗位相关的福利待遇；对在岗的被派遣劳动者进行工作岗位所必需的培训；连续用工的，实行正常的工资调整机制。

5. 报酬支付：劳务派遣单位要按月支付劳动报酬，被派遣劳动者在无工作期间，劳务派遣单位应当按照所在地人民政府规定的最低工资标准，向其按月支付报酬。

### （三）非全日制用工

非全日制用工，是指以小时计酬为主，劳动者在同一用人单位一般平均每日工作时间不超过四小时，每周工作时间累计不超过二十四小时的用工形式。

1. 非全日制用工协议的订立和终止：双方当事人可以订立口头协议。不得约定试用期。任何一方都可以随时通知对方终止用工。终止用工，用人单位不得向劳动者支付经济补偿。

2. 非全日制用工计酬标准与报酬支付：小时计酬标准不得低于用人单位所在地人民政府规定的最低小时工资标准。劳动报酬结算支付周期最长不得超过十五日。

# 第四节　员工关系的风险规避

## 一、规章制度制定、公示风险规避

用人单位在制定、修改或者决定有关劳动报酬、工作时间、休息休假、劳动安全卫生、保险福利、职工培训、劳动纪律及劳动定额管理等直接涉及劳动者切身利益的规章制度或者重大事项时，应当经职工代表大会或者全体职工讨论，提出方案和意见，与工会或者职工代表平等协商确定。

在规章制度和重大事项的决定实施过程中，工会或者职工认为不适当的，有权向用人单位提出，通过协商予以修改完善。用人单位应当将直接涉及劳动者切身利益的规章制度和重大事项决定公示，或者告知劳动者。

归纳起来，一个合法有效的规章制度必须符合以下三点：1）规章制度必须通过民主程序制定。2）规章制度不能违反国家法律、行政法规及政策规定。3）规章制度必须向劳动者公示。

## 二、员工入职管理的风险规避

入职管理的风险主要是：员工职业履历造假、隐瞒个人信息如重大疾病等，或没有解除以前劳动关系或有保密条款等约定回避从事同行业期限内的，这样的劳动关系无效，甚至雇佣方也要承担连带责任。应对措施是：

1.《入职登记表》规范。其中，《入职登记表》要有带有如下内容的个人声明：以上所填各项均为真实情况，并充分了解上述资料的真实性是双方订立劳动合同的前提条件，如有弄虚作假或隐瞒的情况，属于严重违反公司规章制度，同意公司有权解除劳动合同或对劳动合同做无效认定处理，公司因此遭受的损失，员工有对此赔偿的义务。并要求员工签字确认。

2. 候选人提交离职证明。

3. 背景调查。

4. 严格用人及体检标准。

## 三、试用期运用不当风险规避

试用期运用不当风险的规避方法是：1. 试用期期限要合法。2. 试用期不能脱离劳动合同而存在。3. 试用期工资标准有限制。4. 试用期解除理由应充分。

## 四、培训协议风险规避

《劳动法》明确指出：用人单位为劳动者提供专项培训费用，对其进行专业技术培训的，可以与该劳动者签订协议，约定服务期。劳动者违反服务期约定的，应当按照约定向用人单位支付违约金。违约金的数额不得超过用人单位提供的培训费用。用人单位要求劳动者支付的违约金不得超过服务期尚未履行部分所应分摊的培训费用。用人单位与劳动者约定服务期的，不影响按照正常的工资调整机制提高劳动者在服务期期间的劳动报酬。

风险提醒：1. 违约金不应超过服务期尚未履行部分所应分摊的培训费用。2. 支付违约金的情况不仅包括员工离职，还应包含因严重违反公司纪律被解雇情形下的违约金支付情况。3. 单位必须出具第三方开具的培训费用发票才能证明对劳动者进行过培训，企业内部培训或没有第三方发票的都不能作为证明。

## 五、保密协议与竞业禁止风险规避

对负有保密义务的劳动者，用人单位可以在劳动合同或者保密协议中与劳动者约定竞业限制条款，并约定在解除或者终止劳动合同后，在竞业限制期限内按月给予劳动者经济补偿。劳动者违反竞业限制约定的，应当按月向用人单位支付违约金。竞业限制期限不得超过两年。

### （一）保密协议

商业秘密是指不为公众所知悉、能为权利人带来经济利益、具有实用性并经权利人采取保密措施的技术信息和经营信息。对负有保密义务的劳动者，用人单位可以在劳动合同或者保密协议中与劳动者约定竞业限制条款并约定在解除或终止劳动合同后，在竞业限制期限内按月给予劳动者经济补偿。该条款将劳动者的保密义务延续到了劳动合同终结之后。因此，劳动者与用人单位之间的保密约定，既可以以保密条款的形式写入劳动合同，也可以单独订立一份保密协议。两种形式的效力是相同的。

### （二）竞业禁止

所谓竞业禁止，又称竞业避止、竞业限制，是指负有特定义务的员工在离开岗位后一定期限内不得自营或为他人经营与其所任职的企业同类的经营项目。企业应选择接触、了解或掌握企业商业秘密人员及其高级管理人员签订竞业禁止协议，达到保护企业核心秘密和经营利益的目的。对只具有普通技能且未接触到用人单位商业秘密的劳动者签订的竞业禁止协议原则上无效。

对劳动者应得的合理对价的数额,根据每个劳动者和用人单位情况的不同而不同,不可能有划一的数额标准。应当将竞业禁止的补偿费与劳动者的工资收入联系起来,将其作为基本的计算参照标准。具体额度目前国家还没有统一的规定,各个省市的规定也不一样,比如江苏省就规定竞业禁止协议约定的补偿费按年计算不得少于该员工离开企业前最后一个年度从该企业获得的报酬总额的1/3,而深圳市就规定为不少于2/3。

## 六、劳动报酬支付风险规避

用人单位应当按照劳动合同约定和国家规定,向劳动者及时足额支付劳动报酬。用人单位拖欠或未足额支付劳动报酬的,劳动者可以依法向当地人民法院申请支付令。

劳动者在试用期的工资不得低于本单位相同岗位最低档工资或者劳动合同约定工资的80%,并不得低于用人单位所在地的最低工资标准。

劳动报酬支付风险可考虑以下应对措施:1)完善薪酬福利及考核制度。2)按时足额发放员工工资和加班费。3)针对实行不同工时制的人员,按国家法规的要求,制定不同的加班费政策。4)实行不同的工时制度,并办理备案手续。

## 七、离职解雇风险——经济补偿金

《劳动法》规定,除用人单位维持或提高劳动合同约定条件续订劳动合同和劳动者不同意续订的情形外,如果劳动合同期满终止,用人单位应支付经济补偿金。用人单位违规不签无固定期限劳动合同的,在解除或终止合同时,应按规定的经济补偿标准的双倍支付赔偿金。

风险应对措施:1)规章制度要公示并签字。2)违纪处理严格按照制度办理。3)文件送达签收。4)离职解雇手续办理严谨。

## 八、事实劳动关系存续风险规避

用人单位自用工之日起满一年不与劳动者订立书面劳动合同的,视为用人单位与劳动者已订立无固定期限劳动合同。

用人单位自用工之日起超过一个月不满一年未与劳动者订立书面劳动合同的,应当向劳动者每月支付二倍的工资。

风险应对措施:员工关系专员认真学习相关法律法规,并制定《劳动合同管理办法》以指导劳动合同的各项管理工作,特别是要严格在规定的时间范围内办理劳动合同订立及续订工作。

# 第六章 组织职业生涯管理

随着社会的不断发展，人们对自身的职业生涯也有了越来越明确的路线，员工的职业生涯对企业的发展有着重要的影响。基于此，本章对职业生涯管理展开论述。

## 第一节 组织职业生涯管理系统概述

### 一、组织实施职业生涯管理的必要性

当前，越来越多的企业重视员工的职业生涯管理，这源自经营环境和人力资源管理环境的双重挑战。

#### （一）人力资源管理的新挑战

1. 个人面临职业发展的困惑

随着社会的不断发展，人们的需要层次不断提高，表现在职业选择上，对职业的期望越来越高。同时，个人对职业发展的态度发生了深刻变化，满足生存需要不再是工作的唯一动机，人们还希望在工作中获得更高层次的满足。社会竞争的加剧却使获取传统意义上职业成功的机会越来越少、越来越难。

可观察到的现象是：越来越多的人面临着职业发展的困惑，任职者出于职业发展的考虑成为导致人力资源高流动率的重要原因之一。

2. 组织面临人力资源危机的挑战

随着经济全球化和区域化的发展，科技进步的速度加快，组织经营环境正发生着巨变，竞争日益激烈，人力资源成为企业发展最重要的资源。同时，人力成本占企业经营成本的比重急剧上升，如何在保证人员效率的情况下控制成本成为企业面临的重要课题。

有关调查显示，当前我国企业经营面临的危机因素中，人力资源危机占53.8%，居于首位。企业人力资源危机主要表现为普通员工的频繁跳槽和中高层管理人员的非正常离职，近些年新员工平均离职率更高，有调查显示，离职新员工约占到离职员工

数的一半。尽管一般人员的流动对企业有一定积极作用,但过高的流失率及关键人才的流失所带来的消极影响也非常明显,比如引起人才危机,影响企业形象,企业机密信息流失,增加成本,甚至带来企业的经营危机。

因此,如何保留企业所需的各类人才成为企业应对人力资源危机的重要课题。

### (二)心理契约理论

心理学家从心理契约的角度对雇佣双方的心理策略变化进行了研究,可以作为组织职业生涯管理必要性的佐证。

所谓心理契约,指的是组织和员工对相互之间责任和义务的期望。

心理契约最早由美国组织心理学家克瑞斯·阿吉里斯在《理解组织行为》一书中提出,以此强调员工与组织的相互关系中,除正式雇佣契约规定的内容之外,还存在着隐含的、非正式的、未公开说明的相互期望。

虽然是非正式的,不具有书面形式的,没有固定的模式和标准化的内容,心理契约却具有契约的功能,是联系员工与组织的心理纽带,是影响员工行为和态度、工作绩效和流动率及对组织情感投入的重要因素。

经济环境变化导致的组织环境的变化,使得员工和组织之间的心理契约发生了巨大变化。工业化时代,组织变化速度较慢,雇佣双方都比较稳定,雇员以忠诚、遵从和努力作为条件换来工作稳定感,组织则给个人较多的发展机会,以留住员工。但是,随着组织为应对经营环境变化而进行的变革加快,组织破产、兼并增多,许多大公司经常因为各种原因大量裁员,且经济补偿有限,雇员对组织的归属感和信任感大大降低,对工作缺乏安全感,对组织也失去了原有的忠诚和依赖。但是,为了使企业保持竞争力,组织又需要雇员以更多的努力去工作,以更充沛的精力帮助企业去竞争、去创新、去发展。这一严峻的现实要求使组织不得不对员工自身发展的问题予以考虑,采用合理的措施来达到各自的目标。

于是,越来越多的企业为留住优秀员工和核心员工,开始为员工提供职业生涯规划和学习培训等各种人力资源管理措施,以使企业发展也能满足员工个人发展的需求。

### (三)组织发展与个人职业生涯之间的一般关系

1.个人职业生涯与组织天然相连

在市场经济条件下,个人与组织必须相互结合才能实现各自的目的,即劳动者让渡自己的劳动力,供组织使用、支配并与生产资料相结合的过程,也是劳动者求职和组织安排劳动者参加工作的过程。通过这一过程,劳动者满足生存和发展需要,并完成其职业生涯;而组织则达到发展和赢利的目的。

一方面,组织提供了个人职业生涯得以实现的必要条件。组织为个人职业生涯发展提供了最基本、最重要和最稳定的经济动力（收入来源），以及社会交往渠道和人际关系网络。个人不仅从组织中获得经济保障，也通过组织获得一种"心理契约"和"组织归属感"，从而获得一种内在的精神满足。组织是个人职业生涯得以生存和发展所依赖的载体或者说是物质承担者。

另一方面，劳动者及其职业工作是组织存在的根本要素。任何类型的组织、劳动者都是其掌握的所有生产要素中唯一能动的主导要素，推动其他生产要素转移旧价值，并创造新价值。显然，没有劳动者，便没有组织的存在。

2. 组织的发展依赖于劳动者个人职业生涯的开发与发展

工业化时代，企业盈利主要依赖于物质资本和劳动力数量的增加。现代企业的成长，则取决于科技、信息、人才及高水平、专家化的经营管理。归根到底，取决于劳动者的职业技能水平。从这个意义上讲，个人职业生涯的开发与发展，是组织不断发展的根本保证。

因此，组织与劳动者个人及其职业生涯是相互依存、相互作用、共同发展的，组织有必要积极开辟道路，以促进劳动者个人职业生涯的发展。

## 二、组织职业生涯管理的内涵与特征

### （一）组织职业生涯管理的内涵

组织职业生涯管理指的是，从组织的角度出发，将员工视为可开发增值而非固定不变的资本，为了使员工能够不断地满足组织的要求，向员工提供组织的职业要求及在组织中的职业发展通道，并有针对性地采取一系列旨在开发人的潜力的措施，开发组织内部人力资源，以达到实现个人的职业发展和组织的可持续发展共赢的目的。

这一概念可以从以下方面来理解：

1. 个人职业发展要成为组织人力资源管理系统的有机组成部分。组织职业生涯管理问题的实质，是从人的成长和发展需要出发，去谋求组织发展目标的实现。因此，必须树立"以人为本"的核心价值理念，将员工个人职业生涯发展需要放在首位，通过有效的组织系统和管理策略，将之有机地整合于组织自身整个的人力资源管理框架体系之中。

2. 组织职业生涯管理的内容至少应包括：完备的职业任职资格要求和职务体系并使员工知晓，设计员工在组织内可能的职业发展通道，为使员工满足职业发展通道要求而提供的人力资源培训开发措施，以及其他一些管理措施。

### （二）组织职业生涯管理的主要特征

职业生涯管理传统上仅指个体职业生涯管理，但组织开始从自身发展角度重视员工职业生涯管理时，便使之出现了新的特点：

1. 组织职业生涯系统是从组织角度对员工从事的职业和职业发展过程进行的一系列计划、组织、领导和调控活动，目的是实现组织目标和个人发展的有效结合。

2. 组织职业生涯系统发挥作用的关键，是组织与个人这两类行为主体的良性互动。

3. 组织职业生涯管理与个人职业生涯管理各个环节环环相扣、相辅相成，形成一个有机整体。组织职业生涯管理和个人职业生涯管理的对比，如表6-1所示。

表 6-1 组织职业生涯管理和个人职业生涯管理的对比

| 组织职业生涯管理 | 个人职业生涯管理 |
| --- | --- |
| 确定组织未来的人员需要（人力资源规划） | 确认个人的兴趣、能力和责任 |
| 设计组织内部的职业生涯发展通道 | 计划生活和工作目标 |
| 评估每个员工的潜能与培训开发需要 | 评估组织内外可供选择的路径 |
| 在严密检查的基础上，为组织建立一个职业生涯管理体系 | 关注随着职业与生命阶段的变化，在兴趣和目标方面的变化 |

## 三、组织职业生涯管理的功能和责任者

### （一）组织职业生涯管理的功能

组织职业生涯管理旨在将组织目标与个人目标结合起来。因此，组织和员工实施职业生涯管理本身就应该是一个双赢的过程。综合来看，其作用主要可以从组织和员工两个角度来考虑。

1. 组织职业生涯管理对组织的作用

组织职业生涯管理对组织的作用主要表现为：

（1）使员工与组织同步发展，以适应组织发展和变革的需要。组织的职业生涯管理通过人才需求评估，明确了组织的职业发展机会，同时为员工提供一系列的学习和培训机会，有计划地提升员工队伍的素质，同时也促进个人潜力的充分发挥，为组织创造更大价值，最终有效实现员工和组织的共同发展。

（2）优化组织人力资源配置结构，提高组织人力资源配置效率。经过职业生涯管理，员工具备了多方面的工作能力，有利于人才的选拔和使用。比如，一旦组织出现职位空缺，可以很容易在组织内部寻求到替代者，既减少了填补职位空缺的时间，同时从组织内部选择的员工在组织适应性方面要比从外部招聘的人员强，从而达到优化组织人力资源配置结构、提高组织人力资源配置效率的目的。这同时也为员工提供了更适合他们发展的舞台，解决了"人事合理配置"这一传统人力资源管理问题。有利于人尽其才、才尽其用，发挥人力资源的最佳效益。

（3）提高员工满意度，降低员工流动率。职业生涯管理可通过各种测评技术真正

了解员工在个人发展上想要什么和应该得到什么,协调并帮助其制订规划。同时,通过培训开发来提升员工的职业技能,更好地满足员工的发展需要,帮助其实现职业生涯目标,这会增加员工对组织的承诺,实现核心雇员的保留,降低员工流失率,更高效地实现企业经营目标。简单地说,职业生涯管理使员工不仅有高的生涯承诺(职业发展积极性),而且有高的组织承诺(组织认同度和归属感),即激发员工的职业发展积极性,并在组织内部为其提供发展空间,使其在组织内部更努力工作。

2. 组织职业生涯管理对员工的作用

组织职业生涯管理对员工个人的作用主要表现为:

(1)为员工提供各种职业咨询服务和信息,能帮助个人更好地认识自己,为发挥自己的潜力奠定基础。

(2)通过组织的职业管理活动,挖掘员工更多的职业潜能,使其学到各种有用的知识,提高专业技能和综合能力,增加自身竞争力,实现长期的职业生涯发展。

(3)能满足个人的归属需要、尊重需要和自我实现需要,进而提高生活质量,增加个人满意度。

(4)有利于员工过好职业生活,处理好职业生活和生活中其他部分的关系,比如平衡职业和家庭关系的一些措施。

(二)组织职业生涯管理的责任者

传统上,职业生涯管理是个人的责任,但组织职业生涯管理意味着个人所在的组织通过提供各种帮助,为个人的职业生涯发展承担了部分责任,以达到个人生涯发展与组织发展的统一。

因此,组织职业生涯管理最重要的责任者主要有三个:员工本人、员工的上级管理者、组织(人力资源管理部门和高层管理者)。

1. 员工本人的责任

员工是职业生涯规划的主体,其责任主要是在自我分析和评估的基础上,按照一定的方法制订职业规划方案,并不断为之努力。

(1)评价自己的能力、兴趣和价值观。

(2)分析职业生涯选择的合理性。

(3)明确自己的职业发展目标、发展阶段及相应的发展需要。

(4)和上级交换发展愿望,争取更多的学习机会。

(5)和上级一起达成行动计划,并落实该计划。

2. 上级管理者的责任

管理者要在员工职业生涯规划和发展的过程中提供持续的帮助。

(1)作为催化剂,使员工对职业发展过程本身产生认识。

（2）评价员工的目标和发展的现实可行性。

（3）对员工进行辅导，并达成一个一致的计划。

（4）跟踪员工的计划，并根据形势变化，实时对计划进行更新。

3. 组织的责任

组织以人力资源部门为代表，坚持以人为本的指导原则，作为组织者和协调者，设计职业生涯管理系统，并在员工职业生涯规划和发展的整个过程中，为员工和员工的上级管理者持续提供有关方法、信息和其他帮助。

（1）通过各种方式提供职业生涯规划所需的样板、资源、辅导、信息，比如安排职业生涯问题专题研讨会或讲座，建立职业生涯管理信息系统或数据库（员工可以查找岗位空缺或培训计划），编制职业生涯计划的工作手册（指导员工联系、讨论的印刷物或职业生涯指南），提供职业生涯咨询（来自经专业训练的职业心理咨询师的帮助）等。

（2）为员工、管理者及参加具体实施职业生涯管理的管理者提供必要的培训。

（3）提供有助于员工、管理者职业生涯发展的技能培训，以及员工、管理者在职时的锻炼和发展机会。

## 四、组织职业生涯管理与人力资源管理的关系

### （一）组织职业生涯管理与人力资源管理的区别

1. 两者的行为主体不同

人力资源管理系统的行为主体主要是组织，侧重从组织的角度考虑问题，更关心组织的利益；而组织职业生涯管理体系的行为主体既包含组织和单位，也包含员工自身，更多地从员工角度考虑问题，更关心员工的利益。

2. 两者的侧重点不同

人力资源管理系统以组织发展和变化为中心，考虑员工如何适应组织的发展，突出的是组织的竞争力；而组织职业生涯管理系统则注重通过组织活动引导个人职业生涯的发展，考虑员工如何适应组织的同时实现自我价值，突出的是员工个人的竞争力。

3. 两者的构成要素不同

人力资源管理系统的主要构成要素，是职位分析、入职甄选、绩效评价、薪酬补偿，以及离职管理等环节；而组织职业生涯管理系统的主要构成要素，是组织的职位层次、晋升通道、职业路径、职位阶梯的结构形式，以及员工个体在其间的流动方式。

### （二）组织职业生涯管理对人力资源管理系统的影响

生涯导向的人力资源管理，不仅仅是增加了一个新的管理内容，更重要的是通过生涯管理这根"红线"，把人力资源管理绝大部分的传统内容贯穿起来。换言之，生涯

管理带来了人力资源管理方法上的巨大变革。受职业生涯管理影响的人力资源管理活动主要有四个方面。

1. 职业生涯管理导向的招聘

员工进入组织开始职业生涯，正好对应于人力资源管理中的人员招聘工作。招聘工作的质量决定了职业生涯管理工作的难易程度及人力资源开发的水平。为适应职业生涯管理需要，企业的招聘政策调整表现在两个主要方面：其一，招聘过程突出对应聘者价值观、个性和潜力的甄别；其二，使招聘对象更多集中于初级岗位的空缺。

2. 职业生涯管理导向的绩效评估

在生涯导向的人力资源管理中，绩效考评的结果既是帮助员工改进绩效，也是修正生涯发展中可能出现的偏差、修改或调整生涯计划的重要依据。如何建立绩效的动态管理、连续的绩效分析和反馈制度，是职业生涯管理中必须解决的问题。

绩效是集工作能力、工作态度、工作行为、工作业绩于一体的综合体。从职业生涯管理角度看，绩效考核是进行职业生涯管理的重要手段，绩效考核的结果是员工职业发展，如晋升、岗位轮换和培训的依据。对个人来说，绩效考核的结果是自我认识的重要途径，也是个人制定职业生涯发展目标的基础。发展性绩效评估把重点放在员工的未来发展上，试图去确定被评价者可以改进的知识和技能，以达到开发其潜能的目的。

3. 职业生涯管理导向的薪酬管理

职业生涯管理导向的薪酬管理，要求薪酬福利系统和制度具有更多的灵活性。雇员在职业生涯发展的不同时期，将有不同的价值观和需要，组织越来越有必要创造更多的选择机会，让雇员自己来选择，满足其个性化的需求，从而最大限度地激励员工。例如，对年轻工程师来说，带薪参加工程学术会议可能对其是一个很大的激励；对处于职业生涯中期的双职工家庭雇员来说，他们最需要的可能是带薪假期和一些涉及老人、小孩的福利政策；而对资深经理来说，股权可能是他的需求偏好，等等。

4. 职业生涯导向的培训管理

职业生涯管理与培训的联系很密切，积极的培训政策为员工的职业发展创造了条件。在职业生涯导向的人力资源管理中，培训不仅是根据当前时期岗位对现职者的要求，也是根据下一时期岗位对未来任职者的要求来进行，重视员工个人职业生涯发展的需要。这种职业生涯导向的培训也称为发展性培训，它强调根据员工的发展需要来进行培训的系统安排。针对处于职业发展不同时期的员工，安排不同的培训内容，可以提高培训的内容有效性；通过有针对性的教育与培训促进其职业生涯规划的实现，促进员工的职业发展，满足员工自我实现的心理需求，可以实现培训的激励有效性。

同时，职业生涯管理还对工作分析、人力资源规划提出了更高的要求，对人力资源配置和员工关系管理提供了帮助。

## 五、组织职业生涯管理系统的类型

企业内、外部经营环境不同,使其职业生涯管理系统表现出不同的特点,有关学者对此进行了研究。此研究的意义在于,是否要进行职业生涯管理、企业职业生涯管理包括哪些内容及哪些是重点关注内容,应结合企业自身的经营特点来决定。

### (一)桑尼菲尔德的职业系统分类模型

耶鲁管理学院助理院长杰弗里·艾伦·桑尼菲尔德认为,组织的市场地位和经营战略决定了其职业生涯管理系统的特征。他按照人员选聘渠道和晋升决策标准这两个维度将职业生涯管理系统划分为四种类型:

1. 棒球队式的企业

它的职业生涯管理特点是外部开放性较高,员工进入和流出的比例高。创新是这类企业存在与进一步发展的基石,其主要特征是产品创新和开发新市场。这类公司领导的主要责任在于发现环境中出现的机遇,他们必须保证企业员工充满创造力,而员工缺乏安全感是企业保持压力的一种途径。这类企业选拔员工的五项标准依次是:良好的推荐、相关领域的工作经验、团队精神、公司外部人员、具有开放精神并能促进创新。

2. 俱乐部式的企业

它们往往在市场上处于一种垄断地位,公司的领导致力于控制整个组织,很少做出根本性的变革,而是将管理的重点集中于企业的连续和稳定上,其主导经营战略为防御型。因此,它们的职业生涯管理系统必然是保留忠诚度较高、愿意长期为企业服务的成员,外部开放性较低;同时内部竞争较为平淡,员工晋升更为强调资历,而不是能力。这类企业选拔员工的五项标准依次是:团队精神、过去的业绩、在公司内任职时间的长短、对个体特点的了解、对公司业务的熟悉程度。

3. 学术机构式的企业

这类企业的战略取向介于在新市场中一味追求创新的进攻者和在现有市场中寻求稳定的防御者之间,是一种分析者的取向,它们往往是竞争市场上的主导性或核心企业(奥斯特、瑞安,1984)。它们的职业生涯管理系统必然要保留那些愿意承担中等风险、致力于新鲜事物,并保持对组织忠诚的员工。企业注重的是有效的团队工作,而不是个人业绩,其目标在于开发高度忠诚的员工,而不是聘用处于职业生涯中期的员工。在这类企业中,员工把自己的专业发展看成个人目标和一种义务。因此,职业生涯管理系统的特征是外部开放性较低,人力资源的进入和流出都不大,但内部竞争较为激烈。这类企业选拔员工的五项标准依次是：过去的业绩、具有发展潜质、团队精神、年龄较轻、对公司业务的了解程度。

4. 堡垒式的企业

这类企业大多正处于寻求生存的状态。企业的雇佣和解雇抉择与市场状况息息相关，必要时可以以牺牲个体的利益为代价。它们的战略选择是反应者，理论基础是新古典经济学理论，即劳动力的投入是根据它的生产率和价格决定的，只有当劳动力的边际收益超过其边际成本时，才会被投入。这类企业有两种类型：第一种是从没有控制过战略环境，在激烈的竞争环境中缺乏关键资源，如零售业、宾馆业等；第二种是企业遇到了潜在的危机，面临着严峻的挑战。它们的职业生涯管理特征就是外部开放性较高，但内部竞争一般。

（二）巴鲁赫的组织职业生涯管理系统

根据组织职业生涯管理实践的复杂程度和投入程度两个维度，巴鲁赫将组织职业生涯管理系统划分为多向型、正规型、主动管理型、主动规划型及基础型五种类型，并阐述了其特征和主要活动内容。

# 第二节　组织职业生涯管理的内容、方法与步骤

## 一、组织职业生涯管理的基础工作

组织职业生涯管理的基础工作如下：

1. 完备的人力资源规划：这些规划包括确定未来人才需求、晋升规划、补充规划、配备规划等。其中，晋升规划根据企业的人员分布状况和层级结构，拟定员工的提升政策和晋升路线。补充规划使组织能合理地、有目标地把所需数量、质量、结构的人员填补在可能产生的职位空缺上。当上层职位较少而待提升人员较多时，则可以通过配备规划增强员工流动，以减少员工对工作单调、枯燥乏味的不满；在超员的情况下，可以通过配备规划改变工作的分配方式，从而减少负担过重的职位数量，解决工作负荷不均的问题。

2. 开展工作分析并制作职位说明书：帮助员工了解工作特点、内容及任职资格等信息，并为员工职业发展所要求的培训开发内容提供依据。同时，也为职务体系的建立提供依据。

3. 绩效评价体系：绩效评价体系用于确定员工绩效水平及改进方向。

## 二、组织职业生涯管理的基本内容

开展职业生涯管理的企业通常要进行以下几个方面的工作。

### （一）建立组织的职务体系

建立组织的职务体系，需要科学地划分职系职组、职级职等，并确定任职资格要求。

职务体系设计实践中，在满足基本原则要求的情况下，应当做好以下工作：1）结合组织自身的业务特点进行职务体系划分，并对每一类职务进行定义。2）把组织内的所有职务划分到相应类别中去。

[案例]

某企业将所有岗位分成六类：管理类、通用类、营销类、技术类、生产类和研发类，并分别为此进行了界定。比如，管理类岗位指公司总部具有行政管理职责的各级岗位，包括总裁、总裁助理、总经理、副总经理、各部门经理、办公室主任、部门副经理、部门经理助理；通用类岗位包括公司的人力资源、办公室、财务、发展、广告、国际业务、监察、审计、证券、期货与对外贸易等部门的普通员工岗位，还包括其他部门的文员岗位。具体又可分为三类：财务类，包括财务、审计；人事行政类，包括人力资源、办公室，而其他岗位归为业务发展类。

然后，对应设置了六个发展序列：管理、通用、营销、技术、生产和研发序列，每个序列划分了不同的层级并进行定义，制成岗位职级对应表。比如，管理序列分为总裁级、高级管理者（MA）、中级管理者（MB）、初级管理者（MC）四层，具体包括总裁级的八个级别，MA、MB、MC各十四个级别。其中，总裁级应具有极强的计划、组织和协调能力，且具有很强的战略思考能力，开阔的国际视野，以及丰富的企业管理经验。

在组织的职务体系中，对不同职务有不同的定义和要求，各个职务的特点和任务也不相同，如管理者和技术专家的特点和任务区别，如表6-2所示。

表6-2 管理者和技术专家的不同工作特点

| 管理者的特点和任务 | 技术专家的特点和任务 |
| --- | --- |
| 劝导、指导、指挥他人 | 好为人师 |
| 对感情和态度很敏感 | 富有直觉和创造性 |
| 评价他人的工作 | 评价数据系统或方法 |
| 预算、分析和控制成本费用 | 对技术工作不惜代价 |
| 有很好的表达能力 | 有高超的分析能力 |
| 传达上级意图，实施组织政策 | 善于逻辑推理，不喜欢搬照抄 |
| 指出是用什么方法 | 确定具体方法 |
| 根据不充足的材料做出决策 | 收集的数据多多益善 |
| 承认组织机构的等级制 | 承认客观事实的层次性 |
| 寻求各种经营目标之间的关系 | 寻求各种技术之间的关系 |

## （二）职业发展通道管理

职业发展通道是指组织为内部员工设计的利于自我认知、成长和晋升的管理方案。职业发展通道通常包括：传统职业通道、行为职业通道、横向职业通道、双重职业通道、多职业通道。具体内容将在本章第三节介绍。这部分还包括了纵向的晋升标准、横向的岗位调整和职级调整标准。

## （三）职业生涯咨询与服务管理

职业生涯咨询与服务管理通常包括如下几个方面。

1. 人力资源部门、主管或聘请的外部专家为员工提供职业生涯规划方面的指导。比如组织开展职业生涯管理论坛或研讨会，并提供自评工具，帮助员工了解自身兴趣、性格的职业特征。

2. 提供与职业相关的信息。比如职位空缺信息、职业发展通道、职务说明书、职业生涯管理手册等，以帮助员工开展职业生涯管理。

3. 建立职业生涯管理信息系统，如员工档案系统、职业生涯管理资源中心。

4. 对管理人员提供如何指导员工进行职业生涯管理的培训。

5. 成立职业发展评价中心。评价员工是否具备职业发展的资格和业绩要求及晋升的可能性。

## （四）建立配套的员工培训与开发体系

配套的员工培训的开发体系通常包括以下几个方面。

1. 确定员工培训与开发需求

一般来说，确定员工培训与开发需求的基础有两种：

（1）以素质测评为基础的培训方案设计。在公司原有培训管理的基础上，根据对员工基本素质的测评和职务分析的结果，找出员工在能力、技能、个性、领导类型等方面与本职工作所存在的差距，以及今后职业发展路线上会面临的问题，有针对性地拟订员工培训与开发方案，帮助他们适应本职工作和今后职业发展的需要。

（2）以绩效考核为基础的培训方案。依照绩效考核的结果，发现员工在工作中的问题，有针对性地拟订员工培训与开发方案。通过培训，进一步发现员工的潜在能力与特长，为其职业生涯的规划打下良好的基础。

2. 职业生涯开发的方法

职业生涯开发的方法主要有：常规培训，提升员工职业能力与绩效的措施，潜能深度开发以及特殊人群开发。

（1）常规培训。提供各种形式的培训，制订员工培训发展方案，为培训创造有利条件。

（2）旨在提升雇员职业技能与绩效的措施，如新员工入职培训、导师制度、岗位轮换、在职培训、工作绩效反馈等。

（3）旨在促进雇员职位晋升的潜能深度开发，如接班人计划、评价中心测试、晋升能力预测等。

（4）特殊人群的开发措施，如对临近退休人员实施的退休预备研讨会、返聘计划，对新员工实施的见习制度，对外派人员实施的跨文化培训。

（5）职业发展阶段管理，即针对处于不同发展阶段的员工，提供不同的职业开发计划。组织的职业生涯管理应自招聘新员工进入组织开始，直至员工流向其他组织或退休而离开组织的全过程中一直存在。比如，对新员工的初始工作可以设计得丰富而富有挑战性；对中期员工可以加强提拔晋升，使其职业通路畅通；而对老年员工，退休问题必然提到议事日程。关于职业发展阶段管理的详细内容将在本章第四节中详细介绍。

### （五）制定完整、有序的员工职业生涯规划制度与方法

制定完整、有序的员工职业生涯规划制度与方法通常包括以下几个方面：

1. 让员工充分了解单位的企业文化、经营理念、管理制度、择才标准、用人理念等。

2. 为员工提供内部劳动力市场信息，如通过人力资源规划确定的未来人力资源需求和供给信息。

3. 帮助员工分阶段制定自己的职业生涯目标。这些目标中既要有清晰的长期目标（如成为一家健康机构的所有者和经营者），也要建立明确的短期目标（如在健康机构找到任何一份工作）和中期目标（在30岁时成为健康机构的管理者）。目标设定得过于遥远，就得不到短期目标的支持，也就失去了实现的动机。

（1）短期目标（3年以内）：要具体做好哪些工作？在能力上有什么提高？准备升迁到什么职位？以什么样的业绩来表现职业能力？个人在公司处在什么样的地位？个人的价值观与公司的企业文化、经营理念融合的程度如何？

（2）中期目标（3~5年）：在能力上有什么提高？准备升迁到什么职位？在知识、技能方面要接受哪些具体的培训？是否需要进修或出国学习？

（3）长期目标（5~10年）：准备升迁到什么职位？在知识、技能方面要接受哪些具体的培训？为公司做出哪些突出贡献？

## 三、协助员工进行职业生涯规划的方法和步骤

### （一）协助员工进行职业生涯规划的方法

1. 举办职业生涯研讨会

职业生涯研讨会是一种有计划的学习和练习活动，一般由人力资源管理部门统一

组织。组织一般希望通过这种活动的安排，让参加进来的员工主动参与。形式可以包括自我评估和环境评估、与成功人士进行交流和研讨、进行适当的练习活动，从而帮助员工制订职业生涯规划，即选定职业方向，确立个人职业目标，制定职业生涯发展路径。国外的很多实践证明，企业通过为员工举办职业生涯研讨会，可以大大提高员工参与职业生涯管理的参与率，提高职业生涯管理的效率和效果。因此，定期举办职业生涯讨论会是组织职业生涯管理的重要内容和形式。

2. 填写《职业生涯计划表》

职业生涯计划表中包含的内容，一般可以粗略地划分为三个方面。

（1）职业。职业是典型的职业生涯计划的内容之一。对绝大多数人来说，只选择一种职业，但也有人可选择两种或两种以上的职业，从事兼职。处于探索阶段的年轻人可以先不进行职业选择，其职业生涯计划中可先缺失职业一项。

（2）职业生涯目标。在选定的职业领域要取得的成绩或高度即为职业生涯目标。其中，最高的目标可以称为人生目标，在迈向人生目标过程中设定的阶段性的目标称为阶段性目标。

（3）职业生涯通道。与职业生涯目标相适应，组织应为员工提供选择在组织内可实现的职业生涯通道。

3. 编制职业生涯指导手册

通过职业生涯研讨会，绝大多数员工在职业生涯计划的制订中都不会有太大困难。但仍然会有部分员工可能有某些不甚明白的地方。此外，更常见的情况是，在职业生涯发展中，员工需要得到不断的书面指导，以解决自我职业生涯发展中遇到的许多问题，或者反思职业生涯设计，进而修改职业生涯计划。因此，一本随手可得的职业生涯设计与职业生涯发展参考书——《职业生涯手册》是十分必要的。

职业生涯研讨会和《职业生涯手册》都是职业生涯管理的有效手段，两者相辅相成。职业生涯研讨会依靠集中活动，创造出一个教学环境和会议室环境，从而可以使员工在短时间内感受到有关知识和方法的强烈冲击，形成特定氛围，有助于员工迅速形成职业生涯规划。《职业生涯手册》则作为一个常备指导工具，经常性地帮助员工进行生涯反思，进而能够自己解决生涯计划不同阶段出现的问题，对生涯发展中发生的冲突做出协调和重新设计。《职业生涯手册》的编写可参考表6-3的内容。

在员工的职业生涯发展过程中，有些员工仅仅依靠《职业生涯手册》可能仍不能解决他们的所有问题，此时，就需要具体的人员作为咨询专家来解答他们提出的各种职业生涯问题，指导他们扬长避短，实现职业生涯计划。

表6-3 职业生涯手册编写参考

| 项目 | 内容 |
|---|---|
| 职业生涯管理理论介绍 | 介绍有关理论,阐明职业生涯管理对个人发展和组织发展的重要意义,描述职业生涯管理的一般程序和方法,指出职业生涯管理中个人和组织密切合作的必要性和注意事项 |
| 组织结构图 | 展示企业的组织结构图,大型企业绘制成若干张子图,才能细化到岗位,在组织结构图中,就部门之间、工作之间的关系做出比较详细的说明,特别是任职岗位的先后次序规定。组织结构应具有较大的弹性,为员工留有较大的发展空间 |
| 工作描述与工作说明书 | 在《职业生涯手册》中,按管理等级中的层次、部门或职业类别,列出所有岗位的工作描述和工作说明书 |
| 评估方法和评估工具 | 详细介绍各种自我评估、组织环境评估和外部环境评估的方法与工具,各种评估工具应是完整的问卷或量表,说明其使用范围、适用情形、使用注意事项、结果处理、结果解释和意义、适合的职业等 |
| 组织环境信息 | 详细介绍各种自我评估、组织环境评估和外部环境评估的方法与工具,各种评估工具应是完整的问卷或量表,说明其使用范围、适用情形、使用注意事项、结果处理、结果解释和意义、适合的职业等 |
| 外部环境信息 | 把当时所能收集到的与本企业有关的技术发展趋势、国家经济政策、宏观经济走势、职业供给信息等汇集到《职业生涯手册》中,这些信息对职业生涯规划的制订和职业发展都有影响 |
| 职业生涯规划方法和工具 | 介绍职业选择、人生目标与阶段目标确定、职业生涯通道设计的方法与工具。重点是介绍如何进行选择、人生目标确定及职业生涯通道设计的方法 |
| 案例介绍与分析 | 介绍管理人员、技术人员、营销人员、技术工人等各类人员的职业生涯规划与职业发展的成功与失败案例,分析成功与失败的原因 |

4. 开展职业生涯咨询

员工在职业生涯规划和职业发展过程中,会不断产生一些职业生涯方面的困惑和问题,需要管理人员或资深人员为其进行问题的诊断,并提供咨询服务。

职业生涯咨询既可以是正式的,也可以是非正式的,前面提到的导师只是一种一对一的咨询方式。事实上,中层和较高层的经理、技术专家及其他成功人士都可自愿对有进取心的员工的职业生涯规划提出忠告和建议,解释员工们提出的各种问题。

5. 提供工具对员工进行职业素质测评

测评的主要方法和技术包括以下几种:

(1)管理能力测评,如应用情景模拟方法中的公文处理技术对每个管理人员或应聘人员的管理能力进行测评。

(2)智力测验。此方法用来测验人的逻辑推理、语言理解、数字计算等方面的基本能力。

(3)卡特尔16种个性因素测验。此方法用来测验人的内向或外向、聪明或迟钝、激进或保守、负责或敷衍、冒险敢为或胆小畏缩、顾全大局或矛盾冲突、情绪激动或情绪稳定等方面的个性特征。

（4）职业性向测验。霍兰德职业性向理论将职业性向分为现实型、企业型、研究型、社会型、艺术型、常规型等六种。

（5）气质测验。人的气质分为四种类型：胆汁质、多血质、黏液质、抑郁质。对人气质的测验，有助于帮助被试者选择较适合的工作，有助于管理人员对被试者的了解。

（6）一般能力倾向测验。测验人的图形识别、空间想象、计算的速度与准确性、言语理解、词语组合等方面的能力倾向。

（7）A型行为与B型行为测量。A型行为的人对自己要求较高，经常定出超出自己实际能力的计划，完不成任务又很焦急。B型行为的人随遇而安，不会强迫自己紧张工作。这对为他们安排不同类型的工作有很大的指导意义。

（8）领导测评。对每个管理人员或应聘人员的领导类型进行测评，确定其是否适合在当前职务工作，哪些职务适合其工作，如何提高管理水平等。

## （二）协助员工进行职业生涯规划与实施的步骤

公司可以设立职业发展导师制度，上层的直接主管或资深员工可以成为普通员工的职业导师。职业导师在新员工进入公司试用期结束后，应与该员工谈话，有条件的可以使用测评工具对员工进行个人特长、技能评估和职业倾向调查，帮助新员工根据自己的情况，如职业兴趣、资质、技能、个人背景等，明确职业发展意向，设立未来职业目标，制订发展计划表等。

组织帮助员工进行职业生涯规划及其实施开展可考虑按以下步骤进行。

1. 第一步，员工自我评价

（1）目的：帮助员工确定兴趣、价值观、资质及行为取向，指导员工思考当前所处职业生涯的位置，制订未来的发展计划，评估个人的职业发展规划与当前所处的环境与可获得的资源是否匹配。

（2）方式：

1）职业兴趣确认：帮助员工确定自己的职业和工作兴趣。

2）自我指导研究：帮助员工确认自己喜欢在哪一种类型的环境下从事工作。

3）员工与公司各自所负的责任：

①员工的责任：根据自己当前的技能或兴趣与期望的工作之间存在的差距，确定改善机会和改善需求。

②公司的责任：提供评价信息，判断员工的优势、劣势、兴趣与价值观。

2. 第二步，现实审查

（1）目的：帮助员工了解自身规划与公司潜在的纵向晋升机会、横向流动等规划是否相符合，以及公司对其技能、知识所做出的评价等信息是否相匹配。

（2）现实审查中信息传递的方式：

1）由员工的上级主管将信息作为绩效评价过程的组成部分，与员工进行沟通。

2）上级主管与员工举行专门的绩效评价与职业发展讨论，对员工的职业兴趣、优势及可能参与的开发活动等方面的信息进行交流。

（3）员工与公司各自所负的责任：

1）员工的责任：确定哪些需求具有开发的现实性。

2）公司的责任：就绩效评价结果及员工与公司的长期发展规划相匹配之处与员工进行沟通。

3. 第三步，目标设定

（1）目的：帮助员工确定短期与长期的职业目标。这些目标与员工的期望职位、应用技能水平、工作设定、技能获得等其他方面紧密联系。

（2）目标设定的方式：员工与上级主管针对目标进行讨论，并记录于员工的开发计划中。

（3）员工与公司各自所负的责任：

1）员工的责任：确定目标和判断目标的进展状况。

2）公司的责任：确保目标是具体的、富有挑战性的、可以实现的，承诺并帮助员工达成目标。

4. 第四步，行动规划

（1）目的：帮助员工决定如何才能达成自己的短期与长期的职业生涯目标。

（2）行动计划的方式：主要取决于员工开发的需求及开发的目标，可采用安排员工参加培训课程和研讨会、获得新的工作经验、获得更多的评价等方式。

（3）员工与公司各自所负的责任：

1）员工的责任：制订达成目标的步骤及时间表。

1）公司的责任：确定员工在达成目标时所需要的资源，其中包括课程、工作经验及关系等。

5. 第五步，能力开发

公司应结合员工职业发展目标为员工提供能力开发的条件。能力开发的措施可以包括培训、工作实践和业务指导制度等。公司可以根据实际情况，提供包括在职、脱产等各种形式的、有针对性的培训并鼓励员工自我培训。

6. 第六步，检查评估

公司应定期组织对职业生涯规划的执行情况进行检查，同时对员工进行能力、绩效的评估，确定能力开发成果，分析员工是否达到或超出目前所在岗位资格要求，以及距离下一步职业目标的差距,为下一步的发展提供依据。

7. 第七步,反馈修正

阶段性的检查评估结束后,向员工反馈评估结果,根据评估结果,帮助员工分析前进途中的问题和差距,并提出改进措施或者建议调整未来发展目标和方向。

## 四、组织职业生涯管理的常见问题和有效性评价指标

组织职业生涯管理中应重点关注以下常见问题:

1. 职业发展通道单一,内部岗位流动机会少。
2. 对员工职业生涯管理缺乏技术性支持,职业生涯设计往往落实不到位。
3. 职业生涯管理未与培训、绩效管理等结合,职业生涯规划只是空中楼阁。
4. 管理者认为员工的职业生涯管理是人力资源部的事情。
5. 将职业生涯规划与企业培训混为一谈。
6. 员工没有发挥个人的最大潜能。

组织职业生涯管理的目标是吸引和保留人才,提高员工绩效和组织承诺度,并为组织储备人才等。因此,评价组织职业生涯管理的有效性,可以考虑从以下几个方面进行:工作绩效、职业态度、职业生涯认同、职业变化的适应性。如果参与企业职业生涯管理的员工在这样几个方面有明显的积极变化,就可以认为组织职业生涯管理是有效的。

# 第三节 职业生涯发展通道管理

## 一、职业生涯发展通道的内涵与构成要素

### (一)职业生涯发展通道的内涵

职业生涯发展通道是组织为内部员工设计的自我认知、成长和晋升的管理方案,是个体在一个组织中所经历的一系列结构化的职位。

职业生涯发展通道是组织中职业晋升和职业发展的路线,是员工实现职业理想和获得满意工作,以达到职业生涯目标的路径。

职业生涯通道指明了员工在组织内可能的发展方向和发展机会,以及要求员工应具备的资格、晋升的不同条件和程序,并辅之以帮助员工胜任工作的培训与开发等,对员工职业发展施加影响,使员工的职业目标和计划有利于满足组织的需要。良好的

职业生涯发展通道设计一方面有利于组织吸收并留住优秀的员工；另一方面能激发员工的工作兴趣，挖掘员工的工作潜能。

与职业生涯通道概念类似的是职业生涯路径，职业生涯路径是指员工个体在其职业生涯中所经历的一系列工作经验，但不一定是在同一组织内部。

### （二）职业生涯发展通道的构成要素

职业生涯发展通道的构成要素指职业生涯发展通道的宽度、长度和速度。

依据组织类型和工作需要的不同，职业生涯发展通道可宽可窄。宽职业生涯通道要求员工在多个职能部门、多个工作环境轮换工作，如不同职务组之间；窄职业生涯发展通道要求员工在有限的职能部门和工作环境中工作，如限于同一职务组内部。

依据组织规模和工作复杂程度的需求不同，职业生涯发展通道可长可短，即等级可多可少。职业生涯发展通道的等级在4级及以下的可称为短阶梯，一般见于小规模的企业；在10级以上的可称为长阶梯，一般见于职务众多的大型企业；在5~10级地可称为中等长度的职业生涯发展通道。

依据员工能力和业绩的不同，职业生涯发展通道的设置有快慢之分。设置快速职业生涯发展通道的前提条件是，组织不会长久将具备较高素质和能力的员工安排在同其条件不相称的工作岗位上，否则将导致人才的流失。

## 二、职业生涯发展通道管理的内容

### （一）进行职业生涯发展通道的设置

职业生涯发展通道的设置包括决定采用什么职业通道模式，设计多少类通道，并对各类通道进行界定。

职业生涯发展通道的设置没有统一的标准，需要从企业的实际情况出发，因势利导。所谓从实际出发，主要应从四个方面考虑：

1. 梳理企业的现有岗位及其工作特点，进行归类（职组、职系划分），这是职业通道设置的基础，只有在了解企业的岗位设置及每个岗位的特点之后，才能根据经验和专业做出判断，给出初步的归类。

2. 岗位的重要程度。对企业岗位初步归类后，还要考虑各类岗位对企业的相对重要程度。一般而言，如果某类岗位是实现企业阶段战略目标的关键类别岗位，就应单设一个通道。反之，如果某类岗位的重要程度不高，则可以与其他类似的岗位类别放在一起管理，增强职业发展通道的针对性，降低管理成本。

3. 岗位数量的多少。岗位数量的多少决定是否足以设置一个通道。现实情况是，某些岗位具有独特的工作特点，而且对企业的重要性也比较高，但有可能岗位数量非常少，在这种情况下，就不宜单设一个通道。

4.各通道间的岗位是否能够保持相对的独立。设置多个通道时，通道间应尽量避免岗位重合，即某些岗位同时可以归入两个以上通道的情况。如果有这种情况出现，那么在通道设计时就要考虑是否放在一个通道中，或者对这些岗位的归属给出明确的界定。

以设计企业为例，企业性质和业务特点类似，但根据企业的实际情况和具体需求，可以设计成三通道（企业管理通道、项目管理通道、工程技术通道），也可以设计为四通道（企业管理通道、项目管理通道、技术管理通道、工程技术通道），甚至六通道（行政管理通道、经营管理通道、项目管理通道、技术管理通道、设计咨询通道、研究开发通道）等。

### （二）通道内层级的划分

结合通道内岗位的特点、各岗位任职者的情况等，确定每个通道划分多少层级。

不同的通道在通道内部层级划分上需要有一定的区别。比如企业管理通道，公司级的领导可以划为一个层次，部门级的领导可以划为另一个层次，一般员工可以根据资历、经验等划为几个不同的层次。

层级的划分，让所有的员工都有一定的上升空间，以利于员工自身的职业发展，同时企业也可以通过员工所在的层级，有效区分关键岗位和骨干员工，为日常的员工管理和制定与员工发展相关的政策制度提供依据。

### （三）通道内各层级的职数和比例控制

在通道内划分层级的同时，各层级的职数和比例也需要有一个大致的规划，职数和比例的提出也与通道内岗位的特点及对岗位的定位有关。

职数控制常见于通道中某些有严格定编限制的层级。举例来说，企业管理通道中，通常的做法是公司级、部门级的领导有严格的职数限制，因为这些岗位本身有严格的岗位编制，比如公司总经理一般只有一位，各部门负责人一般也是一个部门设一名，这种情况是不能通过职业发展通道的设计来突破的。因此，在这些具有严格定编的岗位上，职业发展是具有职数限制的，即员工虽然具备了这些岗位层级的任职要求，但如果没有类似岗位的空缺，就不能继续往上晋升。

比例限制则常见于虽然没有严格的定编限制，但出于企业整体发展的考虑，在通道内设置层级时对各个层级都有比较严格的定位。比如，设计企业中，设计人员是完成生产设计任务的主要力量，一般都会单独设置技术通道或设计咨询通道等，为其提供成长空间。从实际情况看，设计人员大多具备专业职称，因此很多企业是通过职称来区分设计人员的，但问题是我国目前实行的职称制度层级有限，评到一定的职称等级后（如高级工程师或研究员级高级工程师），往往失去了继续发展的阶梯，以至于有些能力水平非常高的设计人员不能通过职称得到反映。此时，组织内部的职业发展通道可以通过增加层级设置，严格任职资格，实现设计人员在企业内部的等级划分。增加层级设置后，对每个层级的定位也变得非常重要，如某设计企业，将设计人员分为专家设计师、资深设计师、高级设计师、中级设计师、初级设计师、设计员等层级，其中对专家设计师、资深设计师的定位非常高，一般都是相关领域的权威技术专家，是企业在这一领域最高技术水平的代表。因此，该企业规定专家设计师不得超过全体设计人员的2%，折算下来基本上一个主要专业只有1~2人能够评上专家设计师的层级。

## （四）各通道和各层级任职资格标准的确定

任职资格是职业生涯发展通道设计中必须考虑的重要问题，而且不能与工作分析所确定的各职位任职资格相冲突。

首先，通道内任职资格的确定。要考虑晋升管理的可操作性，上、下层级之间任职资格有哪些差距，员工是否能够通过在下一层级的努力工作，逐步达到上一层级的任职要求，如果中间出现断层，员工的晋升操作将会变得困难。

其次，通道间任职资格的比较。制定各个通道的任职资格时，应避免通道间同等职位任职标准差异过大，以保证薪酬的公平性，以及员工跨通道发展的可行性。

## （五）职业发展路径管理

一般来讲，企业可以按照发展方向为员工设计纵向发展路径和横向发展路径。

纵向发展路径指员工在岗位所在的通道内由低层级岗位向高层级岗位发展。员工要实现纵向发展，一般需要满足以下几个条件：1）任职资格是否达到上一层级的基本要求。2）员工的业绩表现，通常企业会通过绩效考核来反映员工的业绩表现，并不是所有符合上一层级任职资格要求的员工都有晋升的机会，往往是从符合条件的员工中选取业绩比较好的员工给予晋升。3）上一层级是否有职数和比例的限制，如果有，那么在员工晋升时是否有职数和比例的空缺，这也是决定员工是否能够晋升的重要条件。

横向发展路径指员工从本通道的岗位上往其他通道的岗位上发展。员工要实现横向发展，一般需要满足以下几个条件：1）通道间岗位是否具有一定的相似性，体现在任职资格上是否标准类似。一般来讲，横向发展主要是针对相关岗位的发展，如从纯技术人员转为技术管理人员，如果通道间任职资格标准差距过大，则表明通道间岗位特性差异较大，特别是对一般员工，实现这样的横向发展比较困难。2）员工的业绩表现及个人意愿，与纵向发展类似，业绩表现也是决定员工是否能实现横向发展的重要条件之一，与纵向发展不同的是横向发展可能还会涉及个人意愿问题，如在实际中会出现做技术的员工不愿意去做管理岗位的情况。3）其他通道岗位是否有职数和比例限制，与纵向发展类似，在限制许可的范围内，横向发展才有可能实现。

## 三、职业生涯发展通道设计的注意事项

### （一）并非所有企业都有必要或需要建立职业生涯发展通道

在决定建立职业生涯阶梯前，企业需要先考虑几个方面的问题：

1. 是否需要一个从内部提拔人才的长久机制。
2. 组织是否有促使人员发展的一整套培训开发机制。企业是否有必要建立一套培训发展方案，以便提供更多的后备人才。
3. 组织每年的外聘员工数量是否很多。

### （二）必须与员工任职资格体系的建设同步开展

如果每个通道上的晋升标准混乱、不科学可能会带来严重后果：

1. 员工认为"能力"并不重要，重要的是能不能搞关系。
2. 员工认为"晋升"没有什么价值，因为它本身与个人价值没有联系。
3. 员工认为在组织里工作没有什么意义，离开组织是最好的选择。

## 四、有效的职业生涯发展通道的特点

设计的职业生涯发展通道是否合理有效，可以考虑从以下几个方面来判断：

1. 技术人员和管理人员的工资待遇和地位应相当。
2. 有贡献的技术人员的基本工资可能低于管理人员，但是他们有机会通过获得高额的奖金使自己的总收入大大提高。
3. 技术人员的职业发展道路并不能认为是为缺乏管理潜能的人员准备的，而是为具有突出技术才能的员工创设的。
4. 给有贡献的个人以选择职业发展道路的机会。为此，组织应当提供评定的资源（如心理测验、发展状况反馈等）和评定信息，以便给予员工机会，使其能清楚自己的兴趣、价值观和技能与岗位的匹配度。

[案例]

### 华为公司的任职资格体系与职业通道设置

为了大致区分棋力的高下，围棋运动中将职业和非职业选手分为若干个段位。通过职业发展通道设计、职业能力等级标准制定和职业等级认证三个方面的制度设计，企业中不同类型的员工，也可以拥有自己的职业"段位"，以及不断提升"段位"的机会。

（1）华为的职业发展通道设计

要鼓励员工不断提高职业技能，首先要让他们明确知道自己职业发展的上行通道。为此，华为设计了"五级双通道"模式。

在"五级双通道"模式中，管理和专业为两个基本通道。专业通道再按照职位划分的原则又细分为技术、营销、服务与支持、采购、生产、财务、人力资源等子通道。这些专业通道的纵向再划分出五个职业能力等级阶梯，如技术通道由助理工程师、工程师、高级工程师、技术专家、资深技术专家五大台阶构成。管理通道是从三级开始，分为监督者（三级）、管理者（四级）和领导者（五级）。

在这个多通道模型中，每个员工至少拥有两条职业发展通道。以技术人员为例，在获得二级技术资格之后，根据自身特长和意愿，既可以选择管理通道，又可以选择技术通道发展。由于两条通道的资格要求不同，如果技术特点突出，但领导或管理能力相对欠缺的话，就可以选择在技术通道上继续发展，一旦成长为资深技术专家，即使不担任管理职位，也可以享受公司副总裁级的薪酬与职业地位，企业也得以充分保留一批具有丰富经验的技术人才。很多员工还可以选择两个通道分别进行认证，企业采取"就高不就低"的原则来确定员工的职等待遇。

当时华为的常务副总裁李一男等一批技术领导就同时兼有技术和管理两个通道的等级资格。作为一名技术部门的管理者，一旦失去管理职位后，凭借其相应的技术等级资格，可以再转回到技术通道上发展，这就解决了管理队伍新老接替中"下岗干部"无法安置的问题。

（2）华为推行的职业资格认证和任职资格等级体系

"华为员工的流动性并不小，但很少是被挖走的，大多数是主动出去创业的。"华为集团人力资源部的一位经理李元（化名）把这种现象归功于华为对员工的任职资格管理。

1）从秘书开始

借鉴英国 NVQ（National Vocational Qualifcation，国家职业资格证书）企业行政管理资格认证，华为建立了文秘的行为规范，提高了工作效率，还解决了秘书的职业发展通道问题，极大地促进了秘书的积极性。

随着自主开发的 C&C08 交换机市场地位的提升，华为的年度销售额达到了 15 亿元，标志着华为结束了以代理销售为主要盈利模式的创业期，进入了高速发展阶段。但随着生产规模和员工队伍的迅速膨胀，华为的管理层次不断增加，其中仅秘书就有 500 名。这些秘书在公司各级管理层面和交叉点上工作，为推动公司的管理和发展发挥着重要作用。

稍微了解华为的人都知道，华为的秘书学历普遍较高，基本是大学本科毕业，一开始进华为大都看重高工资，说自己什么都能做，便做了秘书。但几个月后发现自己主要是做一些文件收发、资料录入、会议召集等工作，时间一长，觉得秘书好像就是打杂，便不想做了。

华为派出当时的副总裁张建国到欧洲考察，看一下其他企业以往走过的路。张建国在考察中发现久负盛名的英国NVQ企业行政管理资格认证并非徒有虚名，不但在很大程度上解决了秘书的职业发展通道问题，而且能极大地促进秘书的积极性。

刚开始，文秘人员对实行英国NVQ企业行政管理资格认证并不适应。

李元也觉得非常简单，不知考核的目的何在。"就一些平常的工作指标，觉得对工作没有什么提高作用。"

随着学习的深入，李元和其他秘书们才逐步认识到：工作效率的提高是建立在有序的工作之上的，任职资格的认证帮助建立工作秩序，从而提高了工作效率；要处理好例行公事之外的工作，就需要有思路，而资格认证正是提供一个思路、一个想法，帮你出处理问题的共性，建立一种逻辑思维上的顺序，从而提高工作效率。任职资格认证的思路就是建立一个文秘行为规范，以及达到这一规范的机制。

经过几个月的单元考评后，李元感觉自己好像被一个具备全面素质的优秀秘书指引着工作一样。考评中对照文秘标准来检查自己的工作，有差距时会感到自责或恍然大悟，达到标准要求时会感到一种满足。考评员与自己的关系是帮你早日达标，从而使员工在考评过程中能够比较自如、正常地发挥自己的能力。

华为承诺考评合格的申请人可以获得中英机构联合颁发的国际职业资格证书，该证书可以得到社会的认可，对员工来说，这是对他们自身价值的认可。为保证考评工作的质量，华为在试点工作中根据英国NVQ体系的要求实行了内外部督考的制度。通过督考工作，公司以推动员工达标为共同的目标，上下协调一致，促进了华为公司各管理层次之间，以及上下级之间关系的改善。

一年后，在督考阶段参加考评的华为秘书就达到了300多人，完成1级考评的人数达180人，考评优秀的秘书可以到市场部锻炼，也可以获得逐步的提升。从此秘书的职业发展通道被打开了。

2）确定秘书的任职资格体系

员工可以根据自身的任职资格，对照自己的工作流程。

华为在引进英国NVQ体系的试点工作中，组织文秘和有关管理人员对国际企业行政管理标准进行了认真的学习，对照标准要求来考核工作，使员工们明确了工作改进的目标和文秘人员的职业发展通道。

在学习的同时，人力资源部反复探索秘书的任职资格，华为依照英国NVQ企业行政管理标准体系建设公司人事管理和人员培训的平台，确定了文秘工作规范化和职业化的目标，并根据公司自己的实际情况修订和细化了文秘资格标准，建立了一套符合华为实际的有多个级别的任职资格考评体系。

在此原则的指导下，打字速度、会议通知、会议所用的文具、会议过程管理、做会议纪要的方法、办公室信息管理、各个部门的流程连接等都成为华为秘书的任职资格。比如开会前半小时打电话落实一下，职业化水平就体现在这样的细节中。

任职资格体系做好后，秘书们终于明白了自己发展的方向。华为秘书的职业能力迅速提高，像电脑管理、文档管理、电话处理，别的单位需要三个人来做，在华为一人足矣。省下了工资、管理费用、办公空间，并且效率还更高。

华为还建立了资格认证部，组织培训了专门人员负责文秘人员的考评工作，同时还带动了公司员工的培训工作。

3）确定其他人员的任职资格体系与任职资格管理部的设立

秘书问题解决后，人力资源部成立了两个任职资格研究小组，每组三人，开始制定其他人员的任职资格体系。例如，华为对高级管理者进行任职资格认证活动，一方面是通过对各级干部一段工作的总结与评价，探索资格认证的有效途径，以便为下一步开展各层次、全部岗位的认证工作起到开路先锋的作用；另一方面也是对高级管理者综合素质进行一次摸底，从中区分出各个管理者的不同职业素养和特点，以便进行人才配置的进一步优化。

销售人员任职资格标准的确立，是先在全国各地选出20名优秀的销售人员，研究小组人员走访各办事处，看这些优秀销售人员怎么拜访客户、怎样谈判，最后定出一到五级的任职资格标准（通过优秀任职者的工作分析来确定任职资格标准）。

紧接着，华为正式成立了任职资格管理部，对各个岗位设立相应的任职资格标准。为了使员工不断提高自身工作能力和价值，使其有一个更大更广的发展空间，任职资格管理部设计了管理与专业技术双重职业发展通道。员工可以根据自身特点，结合业务发展，为自己设计切实可行的职业发展通道。以李元为例，他当时可以有两个选择：一是走管理岗位通道，进入人力资源系统，以人力资源经理为职业目标；二是走技术岗位通道，坚持做人力资源技术性工作，成为内部的人力资源技术专家。

4）推进过程三位一体

以任职资格体系指导培训，充分发挥培训体系的职业发展功能。在华为，6个培训中心统统归属于任职资格管理部之下，乍看不可思议，其实顺理成章。许多企业都为之头痛的培训无效问题，往往是由于缺少任职资格体系，无法得知"现有"和"应有"的差距。而在华为，有了任职资格体系，从某一级升到上一级，需要提高的能力一目了然，培训便具有针对性。对任职资格标准牵引推动，培训体系支持配合，强调开发功能，才能真正解决员工职业发展问题。

原则上，华为每隔两年进行一次职业资格认证，公司根据认证结果，决定员工是继续留任、晋升、还是降级使用。

到华为的人力资源管理架构基本成形，绩效管理体系、薪酬分配体系和任职资格评价体系互相支撑，动态相连。这套标准的优越性在于，华为对员工的评价、待遇和职位不一定具有必然的关联性，在摆脱利益裙带关系之后，职位只是企业中做事的一个简单标志。去除了官本位后的任职机制，使员工上升通道自然打开。

华为资格认证的过程，充分体现了与客观标准比较的相对公正性。任职资格制度的实施，使华为对干部的选拔，转变到组织考核、职业化遴选等更加科学、合理的机制上来。为员工的培养、培训工作明确了方向和具体课题。同时，打开了员工的晋升通道，也是华为实现制度化新老接替所必须历经的一个过程。

## 第四节 分阶段的职业生涯发展管理措施

个人的职业生涯有一定的发展规律，一般来说，这种规律性体现在职业生涯发展的不同阶段，每个阶段面对的职业生涯问题也各不相同。因此，组织有责任在员工职业生涯发展的不同阶段提供不同的咨询服务。

依据休珀等人的职业生涯阶段理论，结合组织职业生涯管理的实际需要，可以将职业生涯的过程大致划分为四个阶段：职业探索阶段、职业建立阶段、职业中期阶段和职业后期阶段。针对不同员工所处的职业阶段，组织应对其采取不同的职业生涯管理措施。

### 一、职业探索阶段——初步的职业规划与顾问计划

这个阶段从参加工作起，一般到25岁左右。一般来说，当新员工在进入一个新的组织时，会经过三个阶段来完成社会化的过程，即前期社会化、碰撞、改变与习得阶段。

在前期社会化阶段，对新员工而言，最有可能的压力就是一切都不是太清楚，因此取得准确的信息就尤为重要。心理契约形成于这个阶段。双方在此时有努力达成一致目标的心理是必要的。

在碰撞阶段，在前期的社会化中形成的期望可能会与所看到的组织现实相矛盾，从而产生现实冲突。

现实冲突的程度取决于在前期社会化中形成的期望值有多大。如果这些期望是不切实际或是不可能被满足的，现实的冲突可能会成为一个问题。在改变与习得阶段，新员工开始掌握了工作要求，进而新员工应该具备一些方法来应付工作上的要求。

总体来看，在职业探索阶段中，员工在探索性地选择自己的职业，试图通过不同的工作或工作单位而选定自己喜欢、适合自己并将长期从事的职业。这个时期，员工希望经常调换不同工作的愿望十分强烈。

从组织的角度来说，可以采取的策略一般包括以下几种：

1.在这个阶段的主要任务是帮助新员工准确地认识自己，制订初步的职业生涯发展规划。

2.为新入职的员工提供职业咨询和帮助。如果能得到老员工的建议和帮助，新员工将会更快地融入组织。有些组织专门为每个新员工配备一个工作导师，这些人或者是组织中资历经验比较丰富的老员工，或者是新员工的直接上司。目前很多管理理念进步的企业都在实施"顾问计划"，其实质就是为员工安排一个再工作中的导师。

所谓顾问，是指一个能向个体提供指导、训练、忠告和关爱的人。在成功的职业生涯中，顾问处在一个很重要的位置上，因为他们能在工作与心理两方面为个体提供帮助。

顾问所提供的工作上的帮助包括教导、引荐、训练和保护。教导是指有效地帮助个体取得工作经验并提高；引荐是指为其提供与组织中关键人物建立友谊的计划和机会，从而取得职业上的进步；训练是对其工作进行指导；保护则是指帮助个体避免卷入那些能毁坏个体的事件中。工作上的帮助对个体今后的成功与发展尤为重要，有研究表明，个体受到的工作上的帮助数量与四年后所取得的成功有相关关系。

顾问也能在心理上为个体提供帮助。角色榜样的作用会在顾问表现出让个体效仿的行为时产生，这有利于个体的社会学习。不管是对顾问还是对受顾问者而言，相互之间的接纳与肯定都是重要的，当受顾问者认为他被顾问接纳了，就会产生一种自豪感，同样，年轻同事的积极评价与欣赏也能使顾问感到高兴，接受顾问的指导也使个体得到了在私人方面问题的帮助。产生友谊是顾问的另一个心理功效，这会对双方都产生积极的影响。

3.帮助员工寻找早期职业困境产生的原因及解决办法。刚刚入职的新员工之所以选择某个职位，往往是建立在这样一种期望的基础上，即组织会对他们有什么样的需要，如果他们满足了这些需要，那么他们能够从组织中获得什么。新员工，尤其是那些受过大学教育的人，他们所期望获得的工作方式是，既能够充分利用自己在大学所受过的训练，同时又能够得到组织的认可并获得发展的机会。然而，在很多情况下，这些新入职的员工很快就对他们最初的职业选择感到了失望，他们面临着严重的"现实的震荡"，陷入了早期职业困境中。

使新员工陷入早期职业困境的主要原因是：（1）最初的工作缺乏挑战性。（2）过高的期望和最初日常事务性工作安排的落差所导致的不满情绪。（3）不恰当的工作绩效评价。

针对以上三种情况，专家学者们提出了以下几种方法帮助新员工走出早期职业困境：

第一，利用实际工作预览。消除新员工不现实期望的一种方法是，在招聘的过程中尽量提供所聘职位和组织的完整、准确的信息，既包括可能从工作和组织中获得的好的东西（如高的薪酬福利和友好的人际关系），也包括可能会得到的不好的东西（如严苛的工作环境和要求），这种方法称为实际工作预览。应聘者获得全面的信息后，可以做出自己的选择，一旦做出加盟组织的选择，他们就会按照实际工作的要求调整自己的职业期望。研究显示，那些接受过实际工作预览的员工比那些没有经历过这一过程而被雇用的员工更有可能留在工作岗位上，并且满意度也较高。

第二，尽可能安排一份富有挑战性的工作。组织应当鼓励新员工的上级管理人员在可能的工作范围内，尽可能地给他们安排工作技能水平较高的工作。那些经历过最初工作挑战的员工在今后的工作中会更有效率。

第三，丰富最初的任务。工作丰富化是为了激励那些对成长和成就感有较高要求的员工而采取的一些既定措施。通常的做法包括：给新员工以更多的权利和责任；允许他们直接与消费者和客户进行沟通；允许新员工去实践自己的想法。

第四，安排要求严格的上司指导新员工。在就职的最初阶段，把新员工安排给那些对下属要求较为严格的上司，对新员工的职业发展是极为有利的。这样的上级会向新员工灌输一种思想，即组织期望他们能够达到良好的工作绩效，并且这种绩效会得到组织的回报。此外，同样重要的是，这些上级会随时做好通过指导和咨询给予他们帮助的准备工作。

## 二、职业建立阶段——建立职业档案和个人申报制度

这个阶段大体上从25岁持续至35岁。这个时期，个体首要的问题是选定自己的职业方向。一般30岁左右是人生的一大转折点，个体会重新设定他们的目标，并且觉得有必要对他们职业生涯的规划进行一些调整，之后则进入了一个相对的稳定期，他们试图在成人社会中寻找到自己的位置，并渴望在职场上获得成功。

鉴于这个阶段是员工最有追求和抱负的时期，也是他们一生中的高产时期，组织应该准确把握处于这个阶段的员工的特点和他们对培训、成长和晋升等方面的需求，帮助他们发现职业生涯的路径，找到一个经验丰富而且值得信赖的顾问，处理好工作与生活的冲突，密切注意他们的发展方向。

### （一）建立职业档案

在西方不少企业，都用一种被称为个人职业表现发展档案的方法，帮助员工管理自己的职业生涯。职业档案的主要内容有：

1. 个人情况。

2. 现在的工作情况。

3. 未来发展，包括职业目标，即在未来 5 年，你准备在单位里达到多高的目标。

档案一式两份，填好后一份自己保管，另一份交给直接上司。上司会找员工谈话，一起研究分析其中的每一项，提出十分具体的建议。这种方式对员工有极大的帮助。

## （二）建立个人申报制度

所谓个人申报制度，就是用一定的方式，把个体对工作的希望申报给公司人力资源部门。这种制度的建立和实施可以有效地帮助员工表达他们内心对工作和职业的愿望和要求。

个人申报的内容主要包括以下几个方面：

1. 担任现在职务的心情。

2. 对担任职务的希望。

3. 对公司的其他要求。

企业实施个人申报制度，可以对员工的工作安排做到尽量满足其志向和愿望，适合其各自的性格特点，为员工提供个性化的职务服务，帮助他们实现其职业价值和职业目标。

## 三、职业中期阶段——正确处理职业高原现象与平衡工作家庭关系

职业生涯中期是一个时间长、变化多，既有可能实现事业成功，又可能引发职业危机的敏感时期。这一时期的年龄跨度一般是 35~45 岁，甚至到 50 岁。一般而言，进入这一年龄段的员工大都去掉了 20 多岁时不切实际的幻想，通过重新审视和评估自我，有了明确的职业目标，确定了自己对企业的长期贡献，积累了丰富的职业工作经验，逐步走向职业发展的顶峰。人到中年，一方面年富力强，自我发展的需要仍很强烈；另一方面会意识到职业机会随着年龄增长越来越受到限制，从而产生职业危机感。总之，这是一个充满矛盾的复杂阶段，尤其需要组织加强职业生涯的管理。

这一时期员工的职业目标已经清晰地确立了，他们更重视个人职业上的成长和发展。但是，新的困惑又会出现在他们的面前，主要表现在职业高原现象和工作与家庭关系的平衡两个方面。

### （一）职业高原现象

员工在职业中期可能会面临职业通道越来越窄，发展机会越来越少的困境，这种情况常常被称为职业高原现象。

对待这种情况，员工通常会采取两种应对措施：一种是积极地面对并顺利地通过，而另一种是消极的，往往是越消极，在职业成长方面就越会停滞不前。虽然人们一直认为职业高原现象一般发生在职业中期，但随着现代企业组织结构的扁平化趋势日渐明显，组织所能提供给员工的管理职位越来越少，加之目前劳动力市场人才的持续充足供给，这种职业停滞现象越来越多地在组织中更低层级的年轻人中出现。

处于职业中期的员工往往是对组织贡献巨大的中坚阶层，因此，组织有必要保持他们对工作的热情或帮助他们重新找回对工作的兴趣。事实上，有许多行之有效的措施可以帮助员工摆脱由于得不到及时晋升而带来的工作不快。例如：

1. 组织可以用满足员工心理成就感的方式来代替晋升实现的激励效果。

2. 组织还可以安排一定范围内的职位轮换，使工作变得丰富多彩，从而来提高员工对工作的兴趣。

3. 扩大现有工作内容也是解决职业高原现象的一种有效方法。

### （二）工作与家庭关系的平衡

在加拿大一项主题为"谁帮助了人们更好地分担他们经常发生冲突的责任"的调查中，有两个问题被重点提了出来。首先，双职工从他们的配偶、朋友、雇主那里获得了怎样的帮助？其次，除了得到的帮助外，他们还希望从谁那里得到更多的帮助？结果表明，工作场所、家庭事假和弹性时间制被认为是对家庭义务与工作责任保持平衡的最有效的方法。这个研究还表明尽管双职工夫妇认为他们从配偶和朋友那获里得的帮助是有用而且满意的，但他们仍然需要从组织那里得到更多更广泛的帮助，如一个灵活的工作场所的选择和足够多的时间来照料孩子等。

为了帮助员工处理好工作与家庭之间的关系，组织可以提供一些比较灵活的工作安排。例如，弹性工作时间能为员工在完成工作的同时提供处理私事的自由；为员工子女开展日托或为员工介绍日托中心来帮助员工。还有一些公司提出了老人照料计划。这为许多中年员工解决了切实的困难，因为他们中大多数都既要抚养子女，又要赡养父母。

## 四、职业后期阶段——退休前计划

这是职业生涯的最后阶段，一般是从50岁左右到退休。在这一时期，大多数人对成就和发展的期望减弱，而希望维持或保留自己目前的地位和成就，开始注意做更有意义的事情。当然了，也有一部分人依然保持向上的发展势头，特别是一些专家级的人士。对绝大多数的前一类员工，组织要注重帮助他们做好退休前的各项心理和工作方面的准备，让他们愉快地结束自己的职业生涯，帮助他们顺利地实现向退休生活的过渡。

# 第七章 绩效管理概述

绩效管理是企业资源管理中最重要的一部分，是为了提升绩效而采取的管理方式。企业绩效管理不仅能有效地提升绩效，同时也能促进员工潜力的发展，促使企业得到更好的发展。基于此，本章就对绩效管理展开论述。

## 第一节 绩效概述

### 一、绩效的含义

绩效是什么？这个看似最简单的问题却最难回答。《牛津现代高级英汉双解词典》对"绩效"的原词"performance"的释义为"执行、履行、表现、成绩"。这样的解释显然含糊不清，企业更是难以据此进行实际操作。在社会化生产初期，生产率是衡量绩效水平的唯一标准，但随着管理实践深度和广度的不断提高，人们对其内涵和外延的认识也发生了变化。管理大师彼得·德鲁克认为："所有的组织都必须思考'绩效'为何物，这在以前简单明了，现在却不复如是。"因此，要想测量和管理绩效，首先必须明确其概念的内涵和外延。

就像贝茨和霍尔顿指出的那样，"绩效是一个多维建构，观察和测量的角度不同，其结果也会不同"。目前对绩效的界定主要有三种观点：第一种观点认为绩效是结果；第二种观点认为绩效是行为；第三种观点认为绩效是知识、技能等通过工作能转化为物质贡献的个人素质。

1）绩效的"结果观"

贝纳丁等（1995）认为，"绩效应该定义为工作的结果，因为这些工作结果与组织的战略目标、顾客满意度及所投资金的关系最为密切"。凯恩指出，绩效是"一个人留下的东西，这种东西与目的相对独立存在"。从这些定义中不难看出，绩效的"结果观"认为，绩效是工作所要达到的结果，是一个人工作成绩的记录。一般用来表示绩效结果的相关概念有：职责（accountabilities）、目标（goals or targets）、结果（results）、生产量（outputs）、关键绩效指标（key performance index，KPI）、关键结果领域（key result areas）等。在实际应用中，将绩效以"结果/产出"的形式加以解释和衡量是最早出现的也是最常见的方法，而对绩效结果的不同界定，也可以体现出不同类型或水平的工作要求。

但是，如果结果产生的过程我们无法控制和评定，那么由行为最终形成的结果还可靠吗？如果工作结果受到个体行为之外的其他不可控因素的影响，那么依据产出结果评价员工的方法还是公正的吗？再者，过分关注结果就不可避免地会导致对重要行为过程的忽视，从而使得管理者无法很好地对员工进行指导和帮助，员工的行为也会受到误导而出现延期化的倾向。正是如此，绩效作为"行为"的观点出现并流行了起来。

2）绩效的"行为观"

墨菲将绩效定义为"是与一个人工作的组织或组织单元的目标有关的一组行为"。坎贝尔指出，"绩效不是行动的后果或结果，它本身就是行动。绩效由个体控制之下的与组织目标相关的行为组成，无论这些行为是认知的、生理的、心智活动的还是人际的"。根据上述定义不难看出，绩效的"行为观"认为：绩效是行为，但并非所有的行为都是绩效，只有与组织目标相关的、与结果产出相关的行为才算是绩效，而且这些行为应该是可以进行观察或衡量的。这种观点虽然很容易得到大家的理解和认可，但是在实际操作中如何界定和评价"行为"同样面临困境和质疑。特别值得思考的问题是，那些不与结果/产出相关的行为是什么呢？

为此，波曼与摩妥威德罗提出了绩效的二维模型，将绩效区分为任务绩效（task performance）与周边绩效（contextual performance），随之将个体的工作行为分为任务绩效行为与周边绩效行为。其中，周边绩效行为指的是那些不与岗位职责、组织目标直接相关，为了促进组织气氛、社会关系和心理环境的行为。这类行为同样对组织有益，间接地促进了工作任务与组织目标的实现。这一模型的提出使得人们对个体行为有了更为全面的认识，同时也对绩效的含义有了更为深刻的理解。

3）绩效的"素质观"

随着知识经济的到来，从事脑力劳动的知识型员工成为员工队伍的主体，而他们的工作行为和工作结果与体力劳动者截然不同，因此对其绩效的衡量给组织的绩效管理带来了新的挑战，素质研究正是在这样的背景下出现的。

目前，越来越多的企业将以素质为基础的员工特性纳入绩效的范围中，更加重视素质与高绩效之间的关系，同时素质模型也为管理者指导、帮助员工以及为员工筛选、培训提供了可参照的依据。更重要的是，绩效的"素质观"突破了传统绩效观念仅仅"追溯过去""评估历史"的局限，将视角拓展至未来，从而更加符合知识型员工的特性以及绩效管理的真正目标——长远、持续的绩效提高。

综上所述，绩效的含义是非常广泛的，不同的时期、不同的发展阶段、不同的对象，绩效都有其不同的具体含义。不论是"结果观"、"行为观"，还是"素质观"，都代表着学者们从不同角度对绩效的理解，同时也都难免有所偏颇。其实，这些观点之间并不矛盾，而是相辅相成共同构成一个全面的绩效观。为此，本书采取一种综合的办法来定义绩效，试图兼顾工作结果、行为和员工素质：绩效是员工依据其所具备的与工作相关的个人素质所做出的工作行为及工作结果，这些行为及结果对组织目标的实现具有积极或消极的作用。

## 二、绩效的特征

1. 多因性

工作绩效的优劣不是由单一因素决定的，而是受制于多种主客观因素。它既受环境因素的影响，又受工作特征因素的影响；既受员工自身能力、个性因素的影响，也与组织的制度与机制有关，同时还受员工的工作动机、价值观念的影响。

2. 多维性

绩效既包括工作结果，同时也包括工作行为与能力。因此，需从多种维度、多个方面去评估绩效。例如，一位部门经理的工作绩效，不仅反映在他的经营指标上，还要考虑其对下属的监督、指导等管理指标的水平，整个部门的业绩指标和团队指标都应包含在内。

3. 动态性

由于绩效只是一段时间内工作情况的反映，因此绩效水平不是一成不变的，而是随着客观条件和主观因素的变化而变化。切忌以主观僵化的观点看待绩效，考核体系的设计也应考虑到绩效水平及其内涵、外延的变化。

## 三、影响绩效的因素

绩效受制于多种主客观因素，为了更好地评价和提高绩效水平，了解并控制影响绩效的因素至关重要。一般来说，影响工作绩效的关键因素有五个：工作者、工作本身、工作方法、工作环境和组织管理。

1. 工作者

工作者是承担工作的主体，其主观特性是影响绩效的关键因素之一。这些特性具体包括员工本人的工作态度、工作技能和能力、工作知识、工作动机和个性特点等。以往，研究人员主要侧重"人—岗"的匹配，认为只有员工特性与工作要求相匹配才会产生高绩效。现在，学者们进一步提出了"人—岗—组织"匹配的理念，强调个人特性、工作要求与组织特点的一致性是获取和保持高绩效的深层动因。

2. 工作本身

工作本身主要包括工作目标、计划、资源要求、复杂程度、工作过程控制等。例如，工作目标是否明确、工作计划是否可行、工作时间是否充分、工作过程是否容易控制和掌握等，都会影响到员工的绩效。

3. 工作方法

工作方法主要包括工作手段、工具、流程、协调等。工作手段、工具的使用会直接影响工作的速度和质量，工作流程涉及工作步骤和工序，工作协调则涉及各工序之间、各工种之间的衔接及有序性。上述因素的合理性、科学性对工作绩效有直接影响。

4. 工作环境

工作环境主要包括工作条件、文化氛围、人际关系等。工作条件涉及工作场所的物质条件和资源配备等；文化氛围涉及员工的精神风貌、团队精神、参与管理的水平等。工作环境虽然是外部条件，但同样影响员工的工作绩效。

5. 组织管理

组织管理主要指企业组织的管理机制、政策和管理者水平。管理机制涉及计划、组织、领导、协调、激励、控制、反馈等方面，政策包括人员聘用、培训、考核和薪酬等。员工是组织中的成员，组织管理自然对其绩效有重要影响。

# 第二节 绩效管理概述

## 一、绩效管理的含义

绩效管理通俗地讲就是对绩效进行管理。不同的学者对绩效管理的概念理解不同。罗杰斯和布莱德认为，绩效管理是管理组织绩效的过程。这种观点的核心在于，它认为绩效管理通过决定组织战略，以及通过组织结构、技术、事业系统和程序等来加以实施，主要从组织的角度来考虑目标制定，绩效改进和考察，如通过商业过程重组、持续过程改进、基准化和全面质量管理提高员工绩效。在这个过程中，员工虽然会受到影响，但不是主要的考虑对象。

史密斯则持另一种看法，认为绩效管理是管理员工个体绩效的过程。这种观点认为，绩效管理应以员工为中心，主要的考虑对象是员工个体，如为每位员工确定目标，进行工作反馈和考评等。

还有一种看法认为，绩效管理是综合管理组织和员工个体绩效的过程。这种观点可以看作是前两者的综合。上述的两种观点从不同的角度论述绩效管理，一个从组织的角度，另一个从个体的角度。但是，这两个角度并不是分离的。组织进行绩效管理的目的是实现组织目标。对员工的绩效管理总是发生在一定的组织背景中，离不开特定的组织战略和组织目标。而对组织的绩效进行管理，也离不开对员工的管理，因为组织的目标是通过员工来具体实现的，我们最后会把绩效具体到员工个体。这里，我们可以把绩效管理定义为在特定的组织环境中，与特定的组织战略、组织目标相联系的对员工的绩效进行管理，以期实现组织目标的过程。

## 二、绩效管理的目的

在企业的管理中，绩效方面的管理工作具有重要性，它能够实现企业的战略目标。成绩和效果的管理是企业进步的核心，它能够提高企业获得利益的绩效管理，加强企业的整体实力。

### （一）绩效管理能够实现企业的战略目标

企业在进行成绩效果管理的过程中，需要把员工的工作行为和企业的战略目标结合起来，联系企业的具体特点，通过增强员工的成绩和效果来增强企业的成绩和效果，最终达到企业在战略上的最终目标。在企业制定相应的战略计划和目标之后，如果想要将这个计划成功完成，并且取得成功，达到目标，就需要促进绩效方面管理在企业管理中的运用，运用绩效方面的管理，来把人力资源方面管理的方法和手段组合起来，形成有效率的整体。挖掘企业的潜能和价值，需要有效地开展绩效方面的管理工作，利用成绩效果管理来实现企业的战略，是不可缺少的步骤，它能够引领企业达到既定战略目标。

### （二）绩效管理能够增强人力资源方面的管理实力和资源最优分配

在企业的管理中，绩效方面的管理工作能够增强人力资源方面的管理实力。绩效管理属于人力资源方面管理的重要部分，不但可以为企业在管理方面的策略决定提供成绩效果方面的管理信息，更能够给企业在对薪酬工资和个人成绩效果进行策略决定的时候提供相关的重要信息。企业在制订人力资源方面的计划之时也基于绩效管理信息。成绩效果的管理工作利用成绩和效果的计划来帮助企业把战略方面的整体目标分成小目标，并且制定达成目标的具体方法。在绩效方面管理工作的开展过程中，对其进行调节和控制，保证企业对人力方面的资源进行最优状态的分配和安置，从而达到制定的最终目标，尤其是利用成绩效果的考核帮助企业对人力资源方面的计划进行改进和提升。对企业员工的成绩和效果进行考核，企业才能够把员工和职业进行最佳的匹配，把合适的职位交给合适的人。企业还可以对员工进行培训，这也是一种奖励。

企业利用成绩和效果的考核结果，对员工进行更加合理的分配，每位员工都可以在自己擅长的职位上表现自己的特长。在企业出现严重的内部问题的时候，绩效方面的管理可以帮助企业对人力资源方面的策略做出相应的决定和改变，从而解决问题。

### （三）绩效管理能够挖掘员工的潜力

在企业的管理中，绩效方面的管理工作能够实现员工的价值，挖掘他们的潜力所在。对员工的工作成绩和效果进行管理，可以让企业发现员工的优点和缺点，并针对员工的缺陷进行相应的培训，使得员工改掉自己的缺陷，让他们更加出色地开展工作。不过，成绩和效果的管理并不只是发现员工的缺陷和不足，而是要发现成绩和效果不好的深层原因。绩效方面的管理工作，最终目的是让员工达到自己的职业生涯目标，它能够增强员工各个方面的知识、能力和素养，促进其发展和提升。绩效方面的管理工作需要把员工的目标和企业的目标结合起来，给企业的策略决定做支撑力量，给员工反馈成绩和效果方面做有用信息，使得人力资源方面的管理工作能够借助有效的成绩效果管理而更加有优势。绩效方面的管理能够增强员工的整体素质，从而提高企业的整体实力。

### （四）绩效管理能够完善企业的激励制度和任用提拔制度

在企业的管理中，绩效方面的管理工作能够完善企业的激励制度。对员工的成绩和效果进行考核，能够准确理解员工的工作表现和工作效果，指引员工的工作行为，提高员工的积极兴致。对员工的工作表现和效果进行评价和管理，能够及时理解企业在人力资源方面的变化方向，给员工的升职提供准确的途径。绩效方面的管理能够企业更好地对管理方案进行改进，预先防止人才流向其他企业。员工在进入公司的第一时间，就有升职的希望，只要在工作上好好表现，就会有机会升职。

### （五）部门绩效管理强调部门内部合作和协同

在理论上，员工绩效构成了部门绩效。但是，员工个体绩效并不简单地构成部门绩效，而且，员工个体绩效也不足以对组织绩效产生严重的影响。如果绩效管理过程只关心个体绩效，而不关心部门绩效，奖励制度也只关注个人成就，这将导致部门成员间的激烈竞争，而且有时甚至以牺牲部门和组织利益为代价。

虽然注重个体绩效的评估，有助于减少工作中的偷懒、搭便车现象，但是，它忽略了作为一个优秀组织绩效中最本质的部分：合作与协同。经验告诉我们，只有当部门和个人的绩效都受到关注，而且都被看作是绩效管理过程中的重要因素时，组织的工作效果才能有所提高。

### （六）部门绩效管理关注部门之间的协作和配合

部门人员在完成本部门的工作职责时，不仅要和本部门内部的人员合作，还需要与其他部门人员协作完成既定的工作职责,故部门绩效管理过程需考核考察部门之间协作的程度。让部门员工深刻认识到,企业目标的达成不是一个人单枪匹马的贡献,而是团体与团队合作的结果。

总之,部门绩效的展现则仰赖于员工的努力。因此,这是一个由经营层—管理层—执行层建构成的企业经营绩效体系,彼此层层相连而且交互影响,部门绩效是整个绩效体系中不可或缺的一个关键环节。

## 第三节 绩效管理系统模型

国内外的研究及实践表明,不论采用何种方式,一个科学、有效的绩效管理系统应该包括以下三个方面的内容:目的、具体环节和关键决策。绩效管理系统的"三个目的、四个环节和五项关键决策"是一个有机整体,我们需要在明确各自的内涵和外延的基础上,全面、深入、系统地理解绩效管理系统模型。

### 一、绩效管理的三个目的

绩效管理的目的是设计绩效管理系统的出发点和基础,是检验一个组织绩效管理系统设计和实施最有效性的指南。组织内的一切绩效管理活动都是围绕绩效管理的目的展开,偏离了目的,绩效管理就失去了存在的价值和意义,失败将不可避免。归纳起来,绩效管理的目的包括战略目的、管理目的和开发目的。只有三个目的同时实现,才能确保组织绩效管理活动的科学性、有效性和合理性。

#### (一)战略目的

绩效管理与组织战略密切相关,组织战略的实现离不开绩效管理系统,而绩效管理也必须与组织的战略目标密切联系才具有实际意义。绩效管理系统能够将员工具体的工作活动与组织的战略目标密切联系起来,通过采用先进的管理工具,如关键绩效指标、平衡计分卡等,把组织、部门和个人的绩效紧密地联系在一起,在员工个人绩效提高的同时促进整体绩效的提升,从而确保组织战略目标的实现。因此,在运用绩效管理系统实现战略目标时,应首先明晰组织的战略,通过与战略目标的承接与将其分解,将组织的战略目标逐层落实到部门和员工个人,并在此基础上制定相应的绩效评价指标体系,设计相应的绩效评价与反馈系统。管理者可以通过绩效评价指标体系来引导员工的行为,帮助员工正确认识自己的优势与不足,使员工的努力与组织的战略高度保持一致,促进组织战略的顺利实现。

### （二）管理目的

绩效管理的管理目的主要是通过评价员工的绩效表现并给予相应的奖惩，以激励和引导员工不断提高自身的工作绩效，从而最大限度地实现组织目标。组织的各项管理决策都离不开及时、准确的绩效信息，绩效评价结果是组织做出培训、调薪、晋升、保留、解雇等人力资源管理决策的重要依据。虽然这些决策都十分重要，不少作为绩效信息来源的管理者却将绩效评价过程视为一个为了履行自己的工作职责而不得不做的令人生厌的工作环节。在他们看来，对员工进行评价，然后再将评价结果反馈给员工，是一件难办的事情。他们往往倾向于给所有员工都打高分或者是至少给予他们相同的评价，以至于绩效评价信息失去实际意义。因此，要真正实现绩效管理的管理目的并不是一件容易的事情。这就要求管理者通过绩效计划为战略目标的分解和实施确定具体可行的行动方案；通过对战略目标的实施过程进行有效的监督和控制，确保组织资源的合理利用和配置；更为重要的是，通过设计科学、规范的绩效评价系统保障绩效评价结果的公平性和有效性，从而不断地提高员工的工作绩效和组织的管理水平，确保绩效管理目标的达成。

### （三）开发目的

绩效管理的开发目的主要是使管理者通过绩效管理过程来发现员工存在的不足，以便对其进行有针对性的培训，使其能够更加有效地完成工作。在现实中，为了实现绩效管理的开发目的，当员工没有达到预期的绩效目标时，管理人员就需要与员工面对面地讨论他们的绩效差距。通过绩效反馈环节，管理者不仅要指出下属绩效不佳的内容，同时还要帮助他们找出导致这种绩效不佳的原因，如技能缺陷、动力不足或某些外在的障碍等，继而针对问题采取措施，制订相应的绩效改进计划，只有这样才能更有效地帮助员工提高他们的知识、技能和素质，促进员工的个人发展和实现组织绩效管理的开发目的。

从以上内容可以看出，一个有效的绩效管理系统应该将员工的工作活动与组织的战略目标联系在一起，并为组织对员工做出的管理决策提供有效的信息，同时向员工提供及时准确的绩效反馈，从而实现绩效管理的战略目的、管理目的和开发目的。因此，组织要想通过绩效管理获得人力资源竞争优势，就必须通过使用绩效管理系统达到上述三个目的。

## 二、绩效管理系统

绩效管理是一个完整的系统。绩效管理系统应该与组织的战略目标相联系，有助于组织总体战略和目标的实现。绩效管理的主要目标是提高组织整体绩效。组织必须意识到，绩效管理是一个系统，并不单单是为每年一次的评估和为来年制定目标，绩效管理系统能为组织完成许多任务：衡量绩效，帮助制定工资、提升等决定，帮助员工发展、培训，环境塑造，设备更新，选拔和评估等。

绩效管理系统到底分成几个部分？不同的学者有不同的看法。英国理查德·威廉姆斯把绩效管理系统分成四个阶段。第一阶段：指导、计划，即为员工确定绩效目标和评价绩效的标准；第二阶段：管理、支持，即对员工的绩效进行监督和管理，提供反馈和支持，帮助他们排除阻碍绩效目标完成的障碍；第三阶段：考查、评估，即对员工的绩效进行考核和评估；第四阶段：发展、奖励，即针对考核结果，给员工进行相应的奖励、培训和安置。

贝蒂认为，绩效管理系统应该是一个完整的周期：包括衡量和标准；达成契约；规划；监督、帮助、控制；评估；反馈；人事决定；开发；再回到衡量和标准，如此反复。

英国人力研究学会的问卷中，把绩效管理系统分成十个部分：与战略相联系的绩效计划；获得员工承诺；设定单元目标；协商个体绩效目标和标准；观察员工绩效；收集员工绩效资料；给予反馈和指导；进行正式的绩效评估；绩效工资。

我们认为，绩效管理不是一朝一夕的事情，应该是一个不断循环往复的周期，在每个周期里面，应该包括一些共同的流程。

第一部分，制定目标、制订绩效计划。这一部分，主要是把公司的整体战略与部门和员工个人的工作目标相联系，确定员工个人具体的标准和行为，为绩效考核提供依据，同时获得员工对目标的承诺。这一部分需要对公司的战略目标进行分解，首先会分解到部门，再到一个团队，最后具体到个人。对个人的绩效要求可以包括结果和行为两个方面。在制定目标时，如果请员工一起参与，则更容易使员工接受所制定的目标。

第二部分，过程监控。这是员工执行任务的过程。组织在这个过程中，应该对员工的绩效进行反馈、监督和指导。对员工的绩效进行反馈，帮助他们排除工作中遇到的障碍，进行业务指导和及时调整目标，是这一阶段的主要任务。这一阶段中，组织的作用可被看成帮助员工尽可能好地完成目标。

第三部分，实施考核。定期组织对员工的绩效进行考核。这一阶段的任务是，组织怎样尽可能客观真实地对员工的绩效做出评价。同时，又尽可能让员工感到满意。绩效考核的起点是，双方制定的绩效合同或称绩效协议。现在比较推崇的一种做法是360度绩效评估方式。360度绩效评估方式可称为多源评估或多评价者评估，它不同于自上而下、由上级主管评定下属的传统方式，评价者包括上级主管、同事、下属、客户，还包括员工的自评等。它可以从不同层面的群体中收集信息，尽可能真实、全面地反映员工绩效。

　　第四部分，评估结果运用。评估结果运用包括进行人事决策和培训发展。组织根据绩效评估的结果做出相应的人事决定，如根据绩效评估结果为员工确定薪酬、确定是否需要更换岗位、是否适合晋升等。绩效评估的另一重要用途是确定发展计划。这一用途日益被组织重视。绩效评估结果为员工的发展培训提供依据，如哪些员工需要培训，需要何种培训，有多少员工需要这种培训等。

# 第八章 绩效计划

绩效计划是绩效管理的第一个环节,也是绩效管理成功实施的关键环节。该环节要求在明确组织的使命、核心价值观、愿景和战略的基础上,制订出组织、部门和个人三个层次的绩效计划,形成一套具有较高的系统性、协同性和可操作性的绩效计划体系。基于此,本章将对绩效计划展开论述。

## 第一节 绩效计划概述

### 一、绩效计划的内涵

计划是重要的管理职能之一,全面了解计划的内涵对理解绩效计划具有重要意义。计划是指对未来的预想及使其变为现实的有效方法的设计,是对未来进行预测并制定行动方案,简言之,计划就是制定目标和编制方案。计划既是制定目标的过程,也是这一过程预期达成的目标。它既涉及目标(做什么),也涉及达到目标的方法(怎么做)。计划的目的和作用在于给出了行动的方向、减少变化的冲击、减少浪费和冗余、设立标准以利于控制等。现代组织处于急剧变化的环境中,组织发展所面临的宏观、微观环境无时无刻不在变化,组织要想生存和发展,就要比以往任何时候都需要系统性、前瞻性的思考。管理者必须具有远见并为未来做好准备,否则就会陷入难以预见和无法挽救的困境之中。

绩效计划作为一种重要的计划形式,具有一般计划的功能特点。绩效管理系统通过绩效计划来连接战略和运营,使管理中的计划职能得以实现。绩效计划作为绩效管理的首要环节,也是谋划绩效管理的关键环节,在绩效管理系统中具有非常重要的作用。绩效计划(performance planning)是指当新的绩效周期开始的时候,管理者和下属依据组织战略规划和年度工作计划,通过绩效计划面谈,共同确定组织、部门以及个人的工作任务,并签订绩效目标协议的过程。对绩效计划内涵的深入理解,需要从以下几个方面进行全面把握。

## （一）实现组织的战略目标是绩效计划的目的

绩效计划的目的是将组织的战略目标转化为组织层面、部门层面、个人层面的绩效目的，使每个员工的工作行为和结果都能够有效促进组织绩效的持续改进和提升。因此，绩效计划的目的就是确保部门和每个员工的绩效目标与组织的战略目标协调一致。

## （二）绩效计划面谈是绩效计划的重要环节

绩效计划面谈是管理者与下属就绩效计划问题所进行的双向的、全面的和持续的沟通过程。通过绩效计划面谈，管理者与下属就绩效目标、指标和评价标准进行充分的沟通，形成共识并共同确定行动计划。绩效计划面谈是一个双向沟通和全员参与的过程，管理者和下属需要对此进行深入的了解。

### 1. 绩效计划面谈是管理者与下属双向沟通的过程

传统的目标制定过程通常是由最高管理者制定总目标，然后依据组织结构层层分解，是一个单向的制定过程。而绩效管理中的绩效计划面谈强调互动式沟通，需要管理者和下属共同参与绩效目标、指标、目标值和行动方案的讨论和确定。也就是说，在这个过程中管理者和下属双方都负有责任。在沟通过程中，管理者需要向下属解释和说明如下几个问题：组织整体目标是什么；为了完成这样的目标，本部门的目标是什么；为了实现组织整体目标和部门目标，对下属的期望是什么；对下属的工作制定什么样的标准；应如何确定完成工作的期限。下属需要向管理者说明的问题则主要包括：自己对工作目标和如何完成工作的认识；自己对工作的疑惑和不理解之处；自己对工作的计划和打算；在完成工作的过程中可能遇到的问题和需要的帮助等。

### 2. 绩效计划面谈是全员参与的过程

在绩效沟通过程中，人力资源管理专业人员、管理者和员工需要全面参与，在这个过程中，三者的职责不一样。

人力资源管理专业人员的主要责任是帮助相关人员制订绩效计划。人力资源管理专业人员应提供政策框架，开发相关的培训材料，指导管理者和下属进行绩效计划工作，并且解决管理者和下属之间的冲突，确保绩效计划工作能围绕如何更好地实现组织目标顺利地进行。在许多组织中，人力资源管理专业人员与管理者共同设计一个符合组织需要的绩效管理框架，以指导管理者与下属针对每个职位的情况制订具体的绩效计划。总的来说，人力资源管理专业人员的责任就是向管理者（有时包括普通员工）提供必要的指导和帮助，以确保组织的绩效计划系统中的绩效结果和绩效标准保持稳定性、协同性，从而保证组织绩效管理系统的战略一致性。

制订绩效计划要求掌握相关的职位信息，而直线经理最了解每个职位的工作职责和绩效周期内应完成的各项工作，由他们与下属协商并制订绩效计划的保障计划，可使其更符合现实情况，更具有灵活性，更利于部门内部人员之间的合作。直线经理在这个过程中扮演着十分重要的角色，并且是部门绩效计划工作的责任人。

员工参与是绩效计划得以有效实施的保证。目标设置理论（goal-setting theory）认为，员工参与制订计划有助于提高员工的工作绩效。社会心理学家认为，人们对自己亲自参与做出的选择投入度更高，从而提升了目标的可执行性，有利于目标的实现。这就要求管理者在制定绩效目标和绩效标准时，尽可能地让员工参与进来，制定具有挑战性的目标，通过员工目标的实现来实现组织目标。另外，绩效计划不仅要确定员工的绩效目标，更重要的是要让员工了解如何才能更好地实现目标，了解组织内的绩效信息沟通渠道，了解如何才能够得到管理者或相关人员的帮助等。从这个意义上讲，绩效计划面谈更离不开员工的参与。

### （三）确定绩效目标、绩效指标和绩效评价标准是绩效计划的主体内容

绩效计划的主体内容是在充分沟通的基础上，管理者和下属应确定在一个绩效周期内应该"做什么"的问题。"做什么"在绩效计划中具体体现为确定绩效目标、绩效指标和绩效评价标准。还需要通过沟通，确保组织战略目标能分解为部门目标和个人目标，最终实现组织战略目标在个人目标上落地。这要求通过制订绩效计划，为实现战略行为创造基础和条件。

### （四）签订绩效协议是绩效计划的最终表现形式

根据社会心理学家多伊奇和杰勒德的研究，做出公开承诺或较强的私下承诺的人非常倾向于坚持最初的意见。大量研究发现，人们坚持或改变某种态度的可能性主要取决于两种因素：一是他在形成这种态度时的卷入程度，即是否参与了态度形成的过程；二是他是否为此进行了公开表态，即做出正式承诺。因此，人们对自己亲自参与做出的选择投入程度更大，从而增加了行动的可执行性和实现目标的可能性。在绩效计划阶段，通过沟通，管理者和下属对绩效目标达成共识，签订正式的绩效计划协议，就是让下属对自己的绩效计划内容做出很强的公开承诺，促使他们履行自己的工作计划；同时，管理者也通过向自己的下属做出承诺，提供必要的支持、帮助和指导，从而实现管理者和下属上下一条心，共同推动组织目标的达成。

绩效协议就是关于工作目标和标准的契约。管理者与下属根据组织、部门目标共同制定并修正个人绩效目标以及实现目标所需的步骤。绩效协议的内容主要包括绩效目标、绩效指标、目标值、指标权重和行动方案等。管理者和下属经过充分沟通，对绩效协议的内容达成共识，经过双方确认之后，签订了绩效协议，这就标志着绩效计划工作的完成。

## 二、绩效计划的类型

明确绩效计划的分类是理解绩效计划概念外延的有效途径。根据不同的分类标准,可以将绩效计划分为不同的类别。根据绩效层次的差别,可以将绩效计划分为组织绩效计划、部门绩效计划、个人绩效计划;根据不同人员在组织系统内岗位层次的不同,可以将绩效计划分为高层管理者绩效计划、部门管理者绩效计划、员工绩效计划;根据绩效周期的差别,可以将绩效计划分为任期绩效计划、年度绩效计划、半年度绩效计划、季度绩效计划、月度绩效计划、周计划、日计划等。各类绩效计划并不是独立的,而是相互影响、相互渗透、相互融合的。绩效管理实践中最普遍的分类方式仍然是组织绩效计划、部门绩效计划、个人绩效计划。

1. 组织绩效计划。组织绩效计划是对组织战略目标的分解和细化,组织绩效目标通常都是战略性目标。组织绩效目标和绩效指标是整个价值计划体系的指挥棒和风向标,决定着绩效计划体系的方向和重点。

2. 部门绩效计划。部门绩效计划的核心是从组织绩效计划分解和承接来的部门绩效目标,是在一个绩效周期之内部门必须完成的各项工作任务的具体化。同时,部门绩效计划还需反映与部门职责相关的工作任务。

3. 个人绩效计划。从广义上讲,个人绩效计划包含组织内所有人员的绩效计划,即高层管理者绩效计划、部门管理者绩效计划和员工绩效计划。高层管理者绩效计划直接来源于组织绩效计划,是对组织绩效目标的承接;员工绩效计划是对部门绩效计划的分解和承接,同时也反映个人岗位职责的具体要求。从狭义上讲,个人绩效计划就是指员工绩效计划。

## 三、制订绩效计划的原则

在制订绩效计划的过程中,无论是制订组织绩效计划、部门绩效计划,还是个人绩效计划,都应该遵循一些基本原则。

1. 战略性原则。在制订绩效计划体系时,必须坚持战略性原则,即要求在组织使命、核心价值观和愿景的指导下,依据战略目标和经营计划制订组织绩效计划,然后通过目标的分解和承接,制订出部门绩效计划和个人绩效计划。

2. 协同性原则。绩效计划体系是以绩效目标为纽带形成的全面的协同系统。在纵向上,业务部门和支持部门也需要相互协同,特别是支持部门需要为业务部门达成绩效目标提供全面的支持。

3. 参与性原则。在制订绩效计划的过程中,管理者与下属必须进行充分的沟通,确保组织战略目标能够被组织所有员工正确地理解。同时，管理者还需要认真倾听下属的意见，妥善处理各方利益，确保绩效计划制订得更加科学合理。总之，通过全员参与绩效沟通，确保管理者和下属都对绩效计划中的绩效目标、绩效指标、绩效标准、行动方案等内容达成共识，以保障在签订绩效协议的时候，做出充分的承诺。

4. SMART原则。在绩效计划的制订中，特别是在设置绩效目标和绩效指标时，需要遵循SMART原则，具体方法将在第二节中介绍。

## 第二节 绩效计划的内容

绩效计划的制订是一项技术性很强的工作。绩效计划内容的完整性、系统性、科学性和可操作性对绩效计划环节乃至整个绩效管理系统都会产生非常重要的影响。本节将对绩效目标、绩效指标等绩效计划的核心内容进行介绍。

### 一、绩效目标

绩效目标是绩效计划的关键内容，是连接组织战略与绩效管理系统的纽带，是制定绩效指标、绩效评价标准和行动方案的起点和基础。

#### （一）绩效目标的内涵

绩效目标是绩效主体在绩效周期内需要完成的各项工作。具体明确的绩效目标是实现组织纵向和横向协同的基础，也是实现组织、部门和个人协调一致的纽带和关键。目前对绩效目标的理解主要有两种：一种是将绩效目标理解为"绩效指标加上目标值"，比如"完成年度销售额300万元"；另一种则是将绩效目标理解为绩效的行为对象，具体表现为一个动宾词组，比如"增加团体客户总量"和"开发并维持战略伙伴关系"等。理解绩效目标的内涵还需重视以下内容：

1. 绩效目标的来源。绩效目标的来源主要有两类。首先，绩效目标来源于对组织战略的分解和细化。客户价值主张决定组织的竞争战略的选择，合理构建和妥善传递的客户价值主张是战略性绩效管理的精髓和核心。通过战略的分解与细化，形成组织绩效目标、部门绩效目标和个人绩效目标，可以引导每个员工都按照组织要求的方向去努力，从而确保组织战略的顺利实现。其次，绩效目标来源于职位职责。职位职责描述了一个职位在组织中所扮演的角色，即这个职位对组织有什么样的贡献或产出。职位职责相对比较稳定，除非该职位本身发生根本性变化。

2. 绩效目标的差别。使用不同的绩效管理工具，对绩效目标的理解有较大差别。

在目标管理中，绩效目标通常采用"绩效指标加上目标值"的表述形式。在关键绩效指标中，没有明确提出绩效目标的概念，不同层次的绩效计划是通过指标分解建立相互联系的。在平衡计分卡中，主张将绩效目标和绩效指标分开，绩效目标具体表现为一个动宾词组，在不同层次的绩效计划体系中，通过绩效目标的承接与分解建立关系，在一个绩效计划之内，强调绩效目标是一个具有因果关系的逻辑体系。

### （二）绩效目标的类型

在管理实践中，比较常见的分类方式是依据绩效层次的不同将绩效目标分为组织绩效目标、部门绩效目标和个人绩效目标。此外，还有以下几种常见的分类方式。

第一，按照绩效周期的长短，可以将绩效目标分为短期绩效目标、中期绩效目标和长期绩效目标。短期绩效目标通常是在几天，几周或几个月内完成的绩效目标；中期绩效目标是指半年或一年，甚至一年多内完成的绩效目标；而长期绩效目标则是指完成时间更长一些，可能要2~3年，甚至更长时间，或者指需要划分为几个关键性阶段的绩效目标。

第二，根据绩效目标的来源，可以将绩效目标分为战略性绩效目标和一般绩效目标。战略性绩效目标来源于组织战略目标的分解，强调激发组织内所有人的创造力，激励所有人为之采取新思维、新方法或新思路，为了实现组织战略目标而群策群力、协同合作和共同奋斗。一般绩效目标则来源于组织系统内具体职责的要求，指维持组织正常运行必须履行的日常工作。

此外，在以平衡计分卡为基础的战绩效管理实践中，还可以根据绩效目标协同方式的不同进行分类。按照纵向协同的要求，可以将绩效目标分为承接目标、分解目标和独有目标；按照横向协同的要求，可以把绩效目标划分为几个共享目标、分享目标和独有目标。

### （三）绩效目标的来源

管理者在设定绩效目标时，一般应根据组织战略及上一级部门的目标并围绕本部门的职责、业务重点和流程要求制定本部门的工作目标，以保证本部门、本岗位的工作朝着组织要求的总体目标进展。因此，绩效目标大致有以下三个来源：

1. 企业的战略目标或部门目标

部门的目标来源于组织战略目标，员工个人目标来源于部门目标的分解，充分体现出目标体系的互相支撑关系。只有这样，才能保证每个员工都按照企业要求的方向努力，整体战略目标才能真正得以落实。

2. 岗位职责

岗位职责是描述一个岗位在组织中所扮演的角色，即此岗位对组织有什么样的贡献或产出。岗位职责在岗位／职位说明书中有详细的描述，内容相对比较稳定，除非岗位本身发生调整。而绩效目标是在一定条件下、一定时间内任职者应达到的工作结果和行为的描述，也就是说，绩效目标具有一定的时间性和阶段性。因此，岗位职责是确定绩效目标的依据，而绩效目标则是对岗位职责的具体化。

3. 业务流程目标

组织的产出是通过业务流程实现的，而流程的目标和手段是由内部、外部客户的需求驱动的。因此，在给部门或员工设置绩效目标时，一定要兼顾内、外部客户的需求，以保证业务流程的上下衔接以及组织整体绩效目标的实现。

### （四）绩效目标的制定

制订绩效计划最重要的内容就是制定绩效目标。在制定绩效目标的过程中，管理者需要特别重视以下几个方面。

1. 绩效目标制定的基本步骤

绩效目标的制定过程通常包含如下几个步骤：

第一步，成立一个有高层领导参与的战略规划小组，负责拟定和描述组织的愿景，在高层领导之间达成共识后，确定组织的战略目标。对一个成熟的组织来说，则是直接根据组织的愿景和战略，结合组织的年度工作计划，制定组织的绩效目标。

第二步，每位高层领导与其分管部门的管理者组成小组，提出各部门的目标，然后基于部门目标和部门工作计划，制定部门绩效目标。在制定部门绩效目标时，管理者需要注意部门绩效目标和绩效目标的纵向协同和不同部门之间的横向协同。

第三步，部门管理者和员工就部门目标分解和实现方式进行充分沟通，形成每个人的绩效目标。在这一过程中，上级需要统筹协调每个人的工作内容，保证本部门的目标能够得以实现。同时也要避免像传统的目标制定那样仅仅是从上到下的制定过程，应该在制定各级目标时保证每个员工都有充分的发言权，并鼓励下级人员积极参与绩效目标的制定。应通过保证基层员工的绩效目标与部门绩效目标的协同性和一致性，来确保个人、部门和组织目标的协同性和一致性，进而保证通过绩效系统，化组织战略为每个员工的日常行动。

2. 绩效目标制定的基本原则

在绩效管理实践中，绩效目标的制定通常应该遵循以下五条基本原则，简称SAMRT原则，其具体含义如下：

（1）绩效目标应该是明确具体的。"S"（specific）指的是应尽可能地细化、具体化绩效目标。组织绩效目标和部门绩效目标必须细化具体化到每个人的绩效目标上，即必须落实到具体的岗位和人员，或能对应到具体的个人。而每个人的情况又各不相同，比如岗位、权责、资源条件和经验能力等不同，因此绩效目标应该明确、集体地体现每位员工的具体工作。只有将这种要求尽可能表达得明确具体，才能够更好地激发员工实现这一目标，并引导员工全面地实现管理者对他的绩效期望。比如，某客户经理的绩效目标为"3天内解决客户的投诉"，而不是"尽快解决客户投诉问题"；人力资源部培训主管的绩效目标是"第一季度20%的时间用于培训新员工"，而不是"要利用淡季进行员工培训"等。如果使用平衡计分卡管理工具，则需要将目标、指标各目标值结合起来考察。

（2）绩效目标应该是可衡量的。"M"（measurable）是指目标能够衡量，即可以将员工实际的绩效表现与绩效目标相比较，也就是说，绩效目标员工提供一种可供比较的标准。设定绩效目标，是为了激发每个人的潜力，为实现组织目标而共同努力，因此，目标必须可以衡量，才能为人们的行为提供及时有效的反馈，在绩效衡量评价的时候才能进行量化。绩效目标的可衡量特征与绩效评价指标和绩效标准的可衡量特征是密切相关的，这三者的可衡量特征决定了绩效评价和反馈在绩效管理中的可能性。比如，客户经理的绩效目标为"提高客户满意度"，衡量该目标的绩效指标之一是"回复客户投诉率"，绩效标准则是"24小时内答复投诉问题"。需要指出的是，可衡量并不一定是要绝对量化。

（3）绩效目标应该是可达到的。"A"（atainable）是指目标通过努力就能够实现。目标通常是比现实能力范围稍高一点的要求，强调"蹦一蹦，够得着"。因此，在绩效目标制定过程中，管理者和下属需要充分沟通，共同制定具有很强可行性的绩效目标。如果管理者为了追求高绩效，盲目利用行政手段和权力，强加于下属很高的绩效目标，就可能造成下属心理上的抗拒，并且在目标不能达成的时候首先想到的是推卸责任，而不是付出艰苦卓绝的努力去实现目标。因此，管理者在制定目标的时候，需要考虑目标的可实现性。实际上，所谓目标切实可行，不仅强调不应该制定过高的不切实际的目标，还强调应该根据员工的工作潜力制定具有一定挑战性，但是通过努力可以实现的目标。过高的目标会使员工失去信心和动力，而目标太低又无法使员工发挥出应有的水平。切实可行是在两者之间找到一个最佳的平衡点，即员工通过努力可以达到的可行的绩效水平。

（4）绩效目标应该与质量有关联。"R"（relevant）指绩效目标体系要与组织战略目标相关联，个人绩效目标要与组织绩效目标和部门绩效目标相关联。与质量相关联原则要求在制定绩效目标时，应对组织战略有清晰明确地界定。同时在分解和承接过程中，要避免错误推理而制造出看似漂亮，但对组织战略没有贡献甚至适得其反的绩效目标。

（5）绩效目标还应该有时限性。"T"（time-based）就是指完成目标需要有时间限制。这种时间限制实际上是对目标实现方式的一种引导，要求根据工作任务的权重、事情的轻重缓急，确定完成绩效目标的最后期限，以及项目进度安排，并据此对绩效目标进行有效地监控，以便在出现问题的时候能及时对下属进行绩效辅导。比如，"上半年实现大客户增长率5%"，这个目标确定的时间限制就是6月30日。绩效目标的时间限制通常是与绩效周期联系在一起的，不同的绩效目标完成的绩效周期不一样。在目标确定的情况下，管理者的要求和下属的工作能力等方面的情况是确定时间限制的重要因素。对被授予较大权限的员工来说，制定他们绩效目标的时候行为引导可能会少一些，但时间限制在任何情况下都是必不可少的。另外，我们往往会根据需要来制定分阶段的分目标，不论是整个绩效计划的总目标，还是分阶段的分目标，都应受到时间的限制。

3. 绩效目标制定的关键点

在制定绩效目标的过程中，为了确保绩效目标的科学性和可操作性，绩效目标制定者还需要把握如下几个关键点。

（1）进行充分的绩效沟通。在制定绩效目标的过程中，管理者和下属需要进行充分、平等、全面的沟通。充分的沟通要求以确保下属的参与为重点，即确保下属有机会参与到制定绩效目标的过程中，提升下属对绩效目标的承诺程度和工作投入程度，从而提升目标达成的可能性。很多组织在绩效目标制定过程中，缺乏充分的沟通，而采取上级给下级分派任务的方式，由组织的最高管理层制定组织的战略及目标，然后逐层分解到组织的各个层级。最高领导层的目标经常是一种充满激情的陈述，使用的往往是泛泛的描述性语言，而下面每一个层级在接收信息时必然加入自己的理解，经过层层过滤，到一线人员所做的往往是与战略毫不相关的事，甚至会朝相反的方向进行。在缺乏沟通的绩效管理实践中，这种现象非常普遍。

（2）确保绩效目标的动态调整。绩效目标的制定通常遵循"先建立后完善"的原则。在绩效目标建立的过程中，在严格遵循SMART原则的基础上，确定至关重要的绩效目标，同时避免将绩效目标与日常工作计划等同。如果绩效目标过少，说明可能有重要的目标被忽略；如果目标过多，则可能造成工作繁杂，没有重点，或者是工作职责相互交叉和重叠。在建立了绩效目标之后，管理者和下属进行持续沟通，对已经制定的绩效目标及时进行修改和完善。

绩效目标是根据每个绩效周期的现状确定的，而现实情况是不断变化的。因此，管理者应注意对目标进行及时的动态调整。特别是在制定了分阶段目标的情况下，这种调整应更频繁。如果下属轻易地达到了上一阶层的目标，就应该分析其中是否有特殊的原因，并通过目标的调整来适应情况的变化。如果目标明显不可实现，也应该在分析原因之后进行适当地下调。

（3）管理者需要提高对绩效目标的认识。第一，不能将需要达到的目标和切实可行的目标混淆。管理者可能面对来自其上级或客户的压力，这些压力对部门绩效目标常常有较大的影响，部门绩效目标又需要落实到部门内个人绩效目标上。在这种情况下，管理者提出的绩效目标就可能会超越下属的能力与资源的限制。如果下属没有最后的决定权或缺乏充分沟通，常常面对超出自身能力的绩效目标时，就会充满挫折感，致使工作的努力程度降低。第二，需要清楚所有绩效目标都必须为组织战略目标服务，保障目标体系在纵向上注意协同性和一致性，在绩效周期的长短上注意长、中、短兼顾，在重要性上注意重点突出。第三，不可将所有需要解决的问题都包含在绩效目标之中。管理者必须清楚绩效管理不是万能的，不能医治百病，更不能代替一切，绩效管理只有与组织的各种制度规范、组织文化、管理实践以及外部环境结合起来，才能充分发挥绩效管理系统的作用。

## 二、绩效指标

在确定绩效目标之后，一项非常关键的工作就是如何衡量这些目标是否达成。把绩效目标转化为可衡量的指标，是绩效计划的又一项具有较高技术含量的工作。在绩效管理系统中，对员工行为的引导很大程度上就体现在绩效指标的选择和设计上，绩效监控和绩效评价就是对绩效指标的监控和评价。因此，绩效指标设置的科学与否很大程度上影响着整个绩效管理系统的成败。

### （一）绩效指标的内涵

指标（indicator）是指衡量目标的单位或方法，是指目标预期达到的指数、规格、标准。绩效指标（performance indicator）是用来衡量绩效目标达成的标尺，即通过绩效指标的具体评价来衡量绩效目标的实现程度。由于绩效指标直接面向绩效评价，因此绩效指标也叫绩效评价指标或绩效考核指标。

所谓评价指标，就是评价因子或评价项目。在评价过程中，人们要对评价对象的各个方面或各个要素进行评估，而指向这些方面和要素的概念就是评价指标。只有通过评价指标，评价工作才具有可操作性。总的评价结果的优劣需要通过各个评价指标的评价结果综合体现。比如，企业的组织绩效可以从经济效益、市场地位、客户关系、与政府的关系、员工关系及能力发展、股东关系等方面的指标，来衡量和监控企业对有关各方面的负责程度以及目标各方面的达成程度。个人绩效目标也同样需要多重绩效指标，比如销售人员的绩效目标就可以从销售额、回款率、顾客满意度等指标来进行监控和衡量。

在绩效管理过程中，绩效指标扮演着双重角色，既是"晴雨表"，又是"指标棒"；既用于衡量实际绩效状况，又对管理决策和员工行为产生指引作用。可以说，组织成员对绩效评价指标的准确理解和一致认识直接关系到绩效管理的最终成效。为此，许多组织不仅根据所在行业、组织特性、经营业务和管理状况等情况建立自己的指标库，而且为每一个指标制作了指标卡，以便统一认识和规范操作。通常，指标卡包括指标描述和指标衡量两个组成部分，每个部分包括若干栏目。指标描述的作用在于确保组织成员对指标形成一致的理解，具体包括指标名称、责任部门/人、所在层面、衡量目标、指标解释和计算公式等栏目。指标衡量的作用在于解释如何对指标实施绩效评价，具体包括评价周期、评价主体、数据来源、绩效基数、目标值、计算单位和评分标准及其等级描述等栏目。

### （二）绩效指标的类型

为了更好地设计绩效管理系统中的评价指标，制定科学的绩效计划，我们应该熟悉绩效指标的具体分类，并将各类绩效指标纳入绩效评价系统之中。

1. 工作业绩评价指标和工作态度评价指标

所谓工作业绩，就是工作行为所产生的结果。业绩的考核结果直接反映了绩效管理的最终目的。为了提高企业的整体绩效，需要实现既定的目标。组织成功的关键要素决定了绩效评价中需要确定的关键绩效结果。这种关键绩效结果规定了在评价员工绩效时应着重强调的工作业绩指标。这些指标可能表现为该职位的关键工作职责或一个阶段性的项目，也可能是年度的综合业绩。在设计工作业绩评价指标时，通常的做法是：将业绩具体表现为完成工作的数量指标、质量指标、成本费用指标等。

（1）数量指标

数量指标指那些直接显示绩效成果的数字化标准，包括产品的销售量、销售额、利润额、市场占有率、生产产品的数量、裁减员工的数目，也包括比例性的指标，如销售增长率、税前利润率。

（2）质量指标

质量指标指绩效成果内在的、质的数字化标准，包括产品合格率、不同等级产品的分布率、逾期应付账款率、库存率、现金周转率，同时具备独特性、准确性等。

（3）成本费用指标

成本费用指标反映了实现直接绩效成果的代价，包括人工成本、产品成本、销售成本、管理费用等，有时会区分单项工作核算，如招聘成本、培训成本等。

（4）时间进度指标

时间进度指标要求责任人在特定的时间内达到特定的进度，如"7月1日前完成销售收入的50%""10月1日前完成大坝的主体结构施工"等。对一些日常性的工作，不能用"全年、日常"作为时间标准，而应当是完成每一次动作需要的时间。比如收发员的职责是按时收发信件和报纸，他的时限不是全年或者每天这样的词语，而是"每天 8：30 以前将所有信件报纸分发到人"。

（5）频率指标

频率指标主要用在行为产出，也有的用在产品产出。通常是要求在一定的时间内，员工实施该行为的次数，如"每 30 分钟巡视一遍保洁区，保证出现的垃圾及时得到清理""每周与客户联络一次，解决有关最新需求和服务问题"等。

（6）客户满意度指标

客户满意度指标指绩效产出满足客户需求的程度，包括客户满意度、客户流失率、投诉率、客户服务周期等，也可以设定员工满意率等内部客户的满意度指标。

（7）工作态度评价指标

在组织中常常可以看到这样的现象：一个能力很强的人出工不出力，未能实现较高的工作业绩；而一个能力一般的员工兢兢业业，却做出了十分突出的工作业绩。这两种不同的工作态度产生了截然不同的工作结果。因此，工作态度在一定程度上决定了一个员工的实际工作业绩。为了对员工的行为进行引导从而达到绩效管理的目的，在绩效评价中应引入对工作态度进行评价的指标。

2. 硬指标和软指标

斯坦利·E. 西肖尔是当代美国著名的管理学家和社会心理学家，他在 1965 年发表的《组织效能评价指标》一文中提出了组织效能评价的金字塔模型。西肖尔认为，要全面评价一个企业的经营活动，需要考虑以下三个方面的问题：第一，是否实现组织目标以及实现程度。第二，由若干个短期指标衡量的短期经营业绩，这些指标通常代表经营的成果，可以由其自身的数值加以判断，将它们综合为一组指标后，可以体现组织的最终经营情况。第三，许多的属性、低层次子指标群反映了当前的经营状况，并预示着迄今所取得的进展和实现最终目标或结果的可能性。

位于塔顶的是组织的长期总体目标，代表了组织效能的"最终标准"。一般而言，除非由历史学家去做结论，否则最终目标是无法衡量的。因此，最终标准是评价那些直接衡量组织经营业绩的次级标准的基础。

位于金字塔中部的是组织的经营成果，代表了组织效能的"中间标准"。这些标准是影响短期经营效益的要素或参数，其内容不超出最终标准的范围，可以称作"输出性"或"结果性"标准。这些标准的度量值本身是正式企业所要追求的成果，在它们之间可以进行比较、衡量和舍去。将它们以某种方式加权组合起来，其总和就决定了最终标准的取值。对营利性组织来说，这一层次的典型指标或变量包括销售额、生产效率、增长率、利润等。可能还包括行为学方面的一些软指标，如员工满意度等。而对非营利组织来说，这些中间标准可能主要是行为学方面。

位于塔底的是对组织当前的活动进行评价的标准，即"基础标准"。这些标准是经过理论分析或根据实践经验确定的，反映了顺利和充分实现上述各项中间标准所必需的前提。在这些标准当中，有一部分是将一个组织描述成一个系统的变量；有一部分则代表与中间标准相关的分目标、子目标或实现中间标准所必需的手段。属于这一层次的标准很多，它们形成了一个复杂的关系网站。在这个关系网中，包括因果关系、互相作用关系和互相休整关系，也有一些标准是根本无法评价的，它们的作用只是减少这个关系网中的不可控变化。对营利性组织来说，这一层面上的硬指标可能包括次品数量、短期利润、生产进度、设备停工时间、加班时间等；这一层面上的软指标可能包括员工士气、企业信誉、内部沟通的有效性、缺勤率、员工流动率、群体内聚力、顾客忠诚度等。

西肖尔认为，硬指标（营业额、废品数量等）和软指标（协作关系好坏、顾客满意度等）必须互相补充，两者同等重要。行为学标准的主要作用在于改善硬指标对将来可能发生的变化做出的预测，即行为学标准能够预示即将发生的问题和即将来临的机会，而且在硬指标不全面或用短期评价不可靠时，为管理者制定决策提供一个更加均衡、更加广泛的信息基础，以弥补硬指标的不足。

（1）硬指标

所谓硬指标，指的是那些可以以统计数据为基础，把统计数据作为主要评价信息，建立评价数学模型，以数学手段求得评价结果，并以数量表示评价结果的评价指标。

使用硬指标进行绩效评价能够摆脱个人经验和主观意识的影响，具有相当的客观性和可靠性。在处理硬指标的评价结果时，如果需要完成复杂或者多变的计算过程，还可以借助电子计算机等工具来进行，以有效提高评价的可能性和时效性。

但是，当评价所依据的数据不够可靠，或者评价的指标难以量化时，硬指标的评价结果就难以客观和准确了。另外，硬指标的评价过程往往比较死板，在评价过程中缺乏人的主观性对评价过程的影响。一方面硬指标的评价结果具有客观准确性的优点；另一方面它有缺乏灵活性的弊端，毕竟统计数据本身并不能完全说明所要评价的事实情况。

（2）软指标

软指标指的是通过人的主观评价得出评价结果的评价指标。在行为科学中，人们用专家评价来指代这种主观评价的过程。所谓专家评价，就是由评价者对系统的输出做出主观的分析，直接对评价对象进行打分或做出模糊评判（如"很好""好""一般""不太好""不好"）。这种评价指标完全依赖于评价者的知识和经验来做出判断和评价，容易受各种主观因素的影响。所以，软指标的评价通常由多个评价主体共同进行，有时甚至由一个特定的集体共同得出一个评价结论，以实现相互补充，从而产生一个比较完善的结论。

之所以将软指标评价称为专家评价，是因为这种主观评价在客观上要求评价者必须对评价对象所从事的工作相当了解，能够通过不完整的数据资料，在利用大量感性资料的基础上看到事物的本质，做出准确地评价。

运用软指标的优点在于，这类指标不受统计数据的限制，可以充分发挥人的智慧和经验，在这个主观评价的过程中往往能够综合更多的因素，考虑问题更加全面，从而避免或减少统计数据可能产生的片面性和局限性。另外，当评价所需的数据很不充分、不可靠或评价指标难以量化的时候，软评价能做出更有效的判断。因此，能够更广泛地运用于评价各种类型的员工。随着科学的发展和模糊数学的应用，软指标评价技术得到了迅猛发展。通过评价软指标并对评价结果进行科学的统计分析，我们能够将软指标评价结果与硬指标评价结果共同运用于各种判断和推断，以提高绩效评价结果的科学性和实用性。

当然了，软指标也具有不可忽略的弱点。对软指标进行评价的结果容易受评价者主观意识的影响和经验的局限，其客观性和准确性在很大程度上取决于评价者的素质。对软指标进行评价得出的评价结果往往缺乏稳定性，尤其在民主氛围不佳的环境中，个人的主观判断经常造成严重的不公平，引起评价对象对评价结果的强烈不满。

在实际评价工作中，往往不是单纯使用硬指标或软指标进行评价，而是将两类指标加以综合应用，以弥补各自的不足。在数据比较充足的情况下，以硬指标为主，辅以软指标进行评价；在数据缺乏的情况下，则以软指标为主，辅以硬指标进行评价。在绩效评价中，对硬指标的评价往往也需要一个定性分析的过程，而对软指标评价的结果也要应用于模糊数学进行量化的换算过程。因此，我们在建立指标体系的时候，应尽量将指标量化，收集相关的统计资料，以提高评价结果的精确度。同时，还要考虑评价对象的具体情况，将硬指标与软指标的评价技术有效地结合起来使用。

绩效评价更多地使用软指标的评价方法，人的主观判断在很大程度上影响着绩效评价的结果。需要注意的是，软指标与非量化指标并非同一个概念。软指标与硬指标的区分强调的是评价方式上的区别，而量化指标与非量化指标的区分强调的则是评价结论的表现方式上的区别。我们可以进一步认为，绩效评价更多地使用软评价的方式来对各种量化指标与非量化指标进行评价。至于量化指标与非量化指标的区分，由于从字面上就能够容易理解，在此不予赘述。

3. 特质、行为、结果三类绩效评价指标

在很多理论和实证研究中，综合运用特质、行为、结果这三类指标进行绩效评价指标体系的设计是一种比较常见的方式，这三类评价指标的详细比较如表 8-1 所示。

表8-1 特质、行为、结果三类绩效评价指标对照表

| | "特质"绩效评价指标 | "行为"绩效评价指标 | "结果"绩效评价指标 |
|---|---|---|---|
| 适用范围 | 适用于对未来的工作潜力做出预测 | 适用于评价可以通过单一的方法或程序化的方式实现绩效标准或绩效目标的岗位 | 适用于评价那些可以通过多种方法达到绩效标准或绩效目标的岗位 |
| 不足 | 1. 没有考虑情景因素，一般预测效度较低<br>2. 不能有效地区分实际工作绩效，员工易产生不公正感<br>3. 将注意力集中在短期内难以改变的人的特质上，不利于提高绩效 | 1. 需要对那些同样能够达到目标的不同行为方式进行区分，以选择真正适合组织需要的方式，这一点是十分困难的<br>2. 当员工认为其工作重要性较低时，意义不大 | 1. 结果有时不完全受评价对象的控制<br>2. 容易诱导评价对象为了达到一定的结果而不择手段，使组织在获得短期效益的同时丧失长期效益 |

西方学者指出，在这三类绩效评价指标中选择最好的方式就是：将评价指标名称冠以"特质"的标签，评价指标的定义和尺度则采用行为导向与结果导向相结合的方式。

4. 其他分类方式

按照不同分类标准，绩效指标还有多种分类方式。举例来说，平衡积分卡将绩效指标分为如下几类：财务指标和非财务指标、客观指标和主观判断指标、前置指标和滞后指标、记分卡指标和仪表盘指标、评价指标和监控指标。

### （三）绩效指标体系的基础

绩效指标体系的构建是一项具有很强技术性和挑战性的工作，管理者需要为此做全面的准备。

1. 绩效指标体系设计的指导思想

（1）始终坚持系统思考

系统思考渗透在绩效管理的方方面面，坚持系统思考对设计科学合理的绩效指标体系有重要的指导作用。每个组织在设计其绩效评价指标体系时，通常都是从建立绩效指标库开始的。该指标库实际上就是对组织的绩效目标或关键成功要素进行分解所形成的一个由一定数量的绩效评价指标构成的集合。之后，就可以在这个指标库的基础上，针对所评价职位的特点进行进一步地选择，从而确定与各个职位相对应的评价指标，形成一个与职位设置相对应的绩效评价指标体系。

（2）坚持绩效评价内容和评价目的的一致性

根据目标一致性理论，在绩效管理活动中，特别是绩效评价之中，绩效指标、绩效目标和绩效评价目的三者之间需要保持目标一致。三者之间的一致性具体表现在如下三个方面：

首先，绩效指标与绩效目标的一致性。这种一致性具体反映在两个方面。一是绩效指标体系与绩效目标内容的一致性，即绩效指标的内容应能反映绩效目标。绩效指

标体系的内容能够引导绩效主体产生符合运行目标的输出,进而促进绩效主体实现其系统运行目标。二是绩效指标的内容完整地反映绩效目标。由于绩效目标通常是一个多层次的综合体,因此绩效指标与绩效目标的一致性不仅表现在每一个绩效指标都反映相应的绩效目标,还表现在绩效指标能否全面地反映整体性的绩效目标和各个层面上的绩效目标。

其次,绩效指标与绩效评价目的的一致性。绩效指标体系是一组既相互独立又相互关联、能够完整地反映绩效目标的评价要素,而绩效评价的目的实际上就是为了促进绩效目标的实现。因此,绩效评价的目的同样也会影响绩效指标的选择,绩效指标应充分体现绩效评价目的对绩效指标的要求。当绩效评价目的发生变化时,绩效指标也相应地发生变化。例如,绩效评估结果可能用于为薪酬管理提供依据,也可能用于为员工的职位升迁等提供依据。当绩效评价的结果与薪酬密切挂钩时,评价指标应更多地强调对员工工作业绩的评价,而作为员工升迁的依据,绩效评价的结果应能够反映员工的工作潜力。

最后,绩效评价的目的与绩效目标的一致性。绩效指标既要与绩效目标相一致,又要与绩效评价的目的相一致。这就对绩效评价的目的与绩效目标的一致性提出了要求。否则,在设计绩效指标时,就会难以与二者同时保持一致而陷入困境。绩效评价是一种手段,而不是目的。绩效评价是为了更好地促进绩效主体实现绩效目标。因此,绩效目标必然要服从绩效评价的目的。

2. 绩效指标的基本要求

绩效指标是绩效计划的重要内容,在设计绩效指标的时候,需要遵循如下几个基本要求:

(1)独立性。独立性指的是绩效指标之间的界限应清楚明晰,不会发生含义上的重复。这要求各个评价指标尽管有相互作用或相互影响、相互交叉的内容,但一定要有独立的内容、含义和界定。绩效指标名称的措辞要讲究,使每一个指标的内容界限清楚,避免产生歧义。在必要的时候可通过具体、明确的定义给出可操作性的定义,避免指标之间出现重复。例如,"沟通协调能力"和"组织协调能力"中都有"协调"一词,但实际上应用的人员类型是不同的,所以这两种协调能力的含义也是不同的。"沟通协调能力"一般可以运用于评价普通员工,而对拥有一定数量下属的中层管理人员,则可以通过评价他们的"组织协调能力"来评价他们在部门协调和员工协调中的工作情况。如果在同样的人员身上同时评价这两种协调能力,就容易引起混淆,降低评价的可靠性和准确性。

(2)可测性。评价指标之所以需要测量而且可以测量,最基本的特征就是该评价指标指向的变量具有变异性。具体来说,评价能够产生不同的评价结果。只有这样,绩效评价指标的标志和标度才具有存在的意义，评价指标才可能是可以测量的。另外，在确定绩效评价指标时，还要考虑到评价中可能遇到的种种现实问题，确定获取所需信息的渠道以及是否有相应的评价者能够对该指标做出评价等。评价指标本身的特征和该指标在评价过程中的现实可行性共同决定了评价指标的可测性。

（3）针对性。评价指标应针对某个特定的绩效目标，并反映相应的绩效标准；应根据部门职责或岗位职能所要求的各项工作内容及相应的绩效目标和标准来设定每一个绩效评价指标。

3. 绩效指标的选择依据

在确定绩效指标的过程中，需要注意如下几个选择指标的基本依据：

（1）绩效评价的目的。绩效指标的制定和监控最终都需要落实在绩效评价中，只有在评价中受到重视的指标才能对员工行为产生良好的导向作用。绩效评价的目的是通过对绩效指标的评价来促进绩效目标的实现，从而助推组织战略目标的实现。在绩效管理实践中，每个部门或岗位的具体工作内容涉及的指标往往很多，对绩效指标的监控和评价不可能面面俱到。因此，绩效评价的目的是选择绩效指标的一个非常重要的依据。

（2）工作内容和绩效标准。每个部门或岗位的工作内容在组织系统中已经有相对明确的规定，每个组织的总目标都会分解到具体的部门，再进一步分工到每一个员工。组织、部门和个人的工作内容（绩效任务）及绩效标准事先都应该有明确的规定，以确保工作地顺利进行和工作目标的实现。因此，绩效指标应该体现这些工作内容和目标，从数量、质量、时间上赋予绩效指标特定的内涵，使绩效指标的名称、定义与工作内容相符，指标的标度与绩效标准相符。这样的绩效指标才能准确地引导员工的行为，使员工的行为与组织的目标一致。

（3）获取绩效信息的便利程度。绩效信息对绩效指标的选择样式有非常重要的影响。为了保障绩效监控和绩效评价工作的顺利开展，我们应能够方便地获取与绩效指标相关的统计资料或其他信息。因此，所需信息的来源必须稳定可靠，获取信息的方式应简单可行。绩效管理的根本目的不是进行控制，而是提升个人、部门和组织的绩效，为组织战略目标的实现服务。因此，绩效监控必须方便易行，绩效评价必须有据可依，绩效管理必须避免主观随意性，绩效评价的结果才易于被评价对象接受。然而，这一切都是建立在获得丰富、全面、准确的绩效信息基础上。获取绩效信息的难易程度并不是直接可以判断的，在绩效管理体系的设计过程中，需要不断地在小范围内试行，不断地进行调整。如果信息来源渠道不可靠或者相关资料呈现矛盾状态，就应对绩效指标加以调整，最终使评价指标能够方便、准确地得到评价。例如，通常对员工的工作业绩都是从数量、质量、效率和费用节约四个方面进行评价。但是，对不同的职位而言，取得这四个方面的信息并不都是可行的。有时，我们可能会发现员工所从事的工作是不可量化的。这时，员工的工作业绩更多地反映在工作质量、与同事协作的情况以及各种特殊事件等方面。这种对绩效指标的调整正是基于使绩效监控和评价更切实可行而进行的。

### （四）绩效指标体系的设计

绩效指标的设计是一项系统性的工作，要求指标的设计者必须系统全面地认识绩效指标，使用科学的方法，选择合适的路径，并为每一个绩效指标赋予合适的权重。

1. 绩效指标的设计方法

设计绩效指标体系的主要工作之一就是准确全面地衡量绩效目标以完成要求，在坚持相关基本原则的基础上，采用科学的方法设计合适的绩效指标。常见的设计绩效指标的方法主要有以下五种：

（1）工作分析法

科学的管理必须建立在详尽分析的基础之上。工作分析是人力资源管理的基本职能，是对工作本身最基本的分析过程。工作分析是确定完成各项工作所需履行的责任和具备的知识及技能的系统工程。工作分析的主要内容由两部分组成：一是职位说明，二是任职资格。职位说明包括：工作性质、职责、进行工作所需的各种资料、工作的物理环境、社会环境、与其他工作相联系的程度及与工作本身有关的信息。对人员的要求包括：员工为了完成本工作应具备的智力、体力、专业知识、工作经验、技能等相关要求。

在制定绩效指标的过程中进行的工作分析，最重要的就是分析从事某一职位工作的员工需要具备哪些能力和条件，职责与完成工作任务应以什么指标来评价，指出这些能力和条件及评价指标中哪些比较重要，哪些相对不那么重要，并对不同的指标完成情况进行定义。这种定义就构成了绩效评价指标的评价尺度。

（2）个案研究法

个案研究法是指对个体、群体或组织在较长时间里连续进行调查研究，并从典型个案中推导出普遍规律的研究方法。例如，根据测评的目的和对象，选择若干具有典型代表性的人物或事件作为调研对象，通过对他们的系统观察和访谈来分析、确定评定要素。

常见的个案研究法有典型人物（事件）研究与资料研究两大类。典型人物研究是以典型人物的工作情境、行为表现、工作绩效为直接对象，通过对他们的系统观察和分析研究，归纳总结出他们所代表群体的评定要素。资料研究是以表现典型人物或事件的文字材料为研究对象，通过对这些资料的总结、对比和分析，最后归纳出评定要素。

（3）问卷调查法

问卷调查法是采用专门的调查表，在调查表中将所有与本岗位工作有关的要素和指标一一列出，并用简单明确的文字对每个指标做出科学的界定，再将该调查表分发给有关人员填写，收集、征求不同人员意见，最后确定绩效考评指标体系的构成。调查的问题应设计得直观、易懂，不宜过多，应尽可能减少被调查者的回答时间，以免影响调查表的回收率和调查质量。问卷调查法按答案的形式可以分为封闭式问卷和开放式问卷两大类。封闭式问卷分为是非法、选择法、排列法、计分法四种。

第一，是非法。问卷列出若干问题，要求被调查者做出"是"或者"否"的回答。

第二，选择法。被调查者必须从并列的两种假设提问中选择一项。

第三，排列法。调查者要对多种可供选择的方案按其重要程度排出次序。

第四，计分法。问卷列出几个等级分数，要求被调查者进行判断选择。

另外，开放式问卷没有标准答案，被调查者可以按照自己的意愿自由回答。

（4）专题访谈法

专题访谈法是指研究者通过面对面的谈话，用口头沟通的方式直接获取有关信息的研究方法。例如，通过与企业各部门主管、人力资源部门人员、某职位人员等进行访谈获取绩效指标。专题访谈的内容主要围绕下述三个问题展开：

你认为担任该职位的员工最基本的要求是什么？

该职位的工作的主要特点是什么？

检验该职位工作成效的主要指标是什么？

研究者通过分析汇总访谈所得的资料，可以获取极其宝贵的材料。专题访谈法有个别访谈法和群体访谈法两种。个别访谈轻松、随便、活跃，可快速获取信息。群体访谈以座谈会的形式进行，具有集思广益、团结民主等优点。

（5）经验总结法

众多专家通过总结经验，提炼出规律性的研究方法，称为经验总结法。一般又可分为个人总结法和集体总结法两种。个人总结法是请人力资源专家或人力资源专门人员回顾自己过去的工作，通过分析最成功或最不成功的人力资源决策来总结经验，并在此基础上设计出评价员工绩效的指标目录。集体总结法是请若干人力资源专家或企业内有关部门的主管（6~10人）集体回顾过去的工作，采用头脑风暴的方式分析绩效优秀者和绩效一般者的差异，列出长期以来评价某类人员的常用指标，在此基础上提出绩效指标。

2. 绩效指标体系的设计

在具体的设计绩效指标体系的管理活动中，管理者需要根据绩效指标的基础知识、基本理念和思想，设计出符合组织具体要求的绩效指标体系，以确保组织、部门和个人三个层次的绩效指标体系能有效地支撑组织战略目标的实现。虽然管理实践各不相同，但是，了解绩效指标设计中的具体原则和绩效指标体系的设计路径是绩效指标体系设计工作中都需要高度重视的两个问题。

（1）绩效指标体系的设计原则

绩效指标体系通常是由一组既相对独立又相互关联，既能衡量绩效目标，又能表达绩效监控和评价目的的系列指标。绩效指标体系呈现出层次分明的结构。一方面，绩效指标包括组织、部门和个人绩效指标三个层次；另一方面，针对每一个职位的绩效指标也呈现出层次分明的结构。通常，员工的绩效指标包括工作业绩和工作态度两个维度，每一个维度都包含若干个具体的评价指标，从而也形成了一个层次分明的结构。为了使各个指标更好地整合起来，以实现评价的目的，在设计绩效指标体系时，需要遵循一些基本的设计原则，其中最常见的原则有如下两条。

第一，坚持"定量指标为主，定性指标为辅"的原则。通常情况下，不论是组织层面的绩效计划的制订，还是部门和个人层面的绩效计划的制订，为了确定清晰的标度，我们主张更多地使用定量绩效指标，从而提高绩效监控的有效性和针对性，同时也提高绩效评价的客观准确性。因此，坚持绩效指标设计时的量化原则，是绩效指标设计的实践中的首要原则。SMART原则在绩效指标的设计过程中就非常实用，严格遵循SMART原则对提高绩效指标设计的质量和效率具有重要的意义。但是，并不是所有绩效都能量化或都容易量化。对来源于战略目标的分解的绩效指标坚持量化是必需的，但是很多来源于具体职责规定的绩效指标难以量化。因此，绩效指标还需要用一定的定性指标作为补充。例如，根据不同职位的工作性质，人们往往会发现将所有评价指标量化并不可行，这时我们就需要考虑设计定性指标。当然，对定性的评价指标，也可以运用一些数学工具进行恰当的处理，使定性指标得以量化，从而使评价的结果更精确。

第二，坚持"少而精"的原则。这一原则指的是绩效指标需要反映绩效管理的根本目的，但不一定面面俱到。也就是说，在设计绩效指标体系时，应避免不必要的复杂化。结构简单的绩效指标体系便于对关键绩效指标进行监控，也能有效地缩短绩效信息的收集、处理过程乃至整个评价过程，提高绩效评价的工作效率，从而有利于绩效目标的达成。同时，绩效指标简单明了，重点突出，有利于掌握绩效管理技术，了解绩效管理系统的精髓，提高绩效沟通质量和绩效管理的可接受性。所以在制定绩效指标或者从绩效指标库中选择绩效指标时，需要制定或选取最有代表性和特征的项目，从而简化绩效监控和评价的过程。

（2）绩效指标体系的设计路径

设计绩效指标的一个重要标准就是评价对象所承担的工作内容和绩效标准，这种工作内容和绩效标准的区别很明显地反映在个人的职位职能上。在制定处于组织中不同层级和职位的个人绩效指标时，我们需要使用不同的绩效指标和权重。在设计绩效指标的实践中，通常首先设计组织绩效指标和部门绩效指标，然后通过承接和分解，分别获得组织高层管理者和部门管理者的绩效指标。具体来讲，绩效指标体系的设计路径有如下两种：

路径一：针对不同层级的目标设定相应的绩效指标。

管理层级是设计绩效指标体系纵向框架的依据。不管采用何种类型的组织结构，管理层级是必然存在的，只不过是层级数量有所差异而已。一般来说，企业可以划分为组织、部门和个体三个层级，相应的个体也可区分为高层管理者、中基层管理者和普通员工。由于不同层级的主体在纵向上存在职责和权限的分工，因此各自的绩效目标或者绩效目标的侧重点也相应存在差异。但是，由于组织、部门和个体以及不同层级的人员是通过绩效目标之间的承接和分解来实现牵引、支持和配合的，因此各自的绩效目标大多存在一定的逻辑关系。

绩效指标是用以衡量绩效目标实现的手段，它的设计和组合是以目标为导向的。因此，基于绩效目标在纵向上的逻辑链，我们可以建立起具有一定关联的绩效指标体系。当处于不同层级的主体设定了相同的绩效目标时，他们就有了共同的衡量指标；当下级目标对上级目标进行分解时，则需要根据目标细化的程度设置各自的衡量指标，但是这些指标所评价的内容综合起来应该能够大体上反映上级目标的绩效状况。同时，不同层级的主体总归有自己的特殊任务，需要独立完成自己特有的目标。相应地，这些目标的指标一般也是个性化的，与其他指标没有必然的联系。由此，我们可以从纵向上对指标体系进行归类，区分上下级的绩效指标是共同的、有关联的，是独有的指标。

路径二：针对不同职位的特点选择不同的绩效指标。

职位类别是设计绩效指标体系横向框架的依据。在我国，由于没有建立起严格的职位职能分类标准，不同的企业对于职位职能的分类存在不同的看法。常见的职位类型包括：生产类、工程技术类、销售类、研发类、行政事务类、职能管理类、政工类等。常见的职能等级包括：经理、部长、主管、主办、操作工人等。但不论采用什么样的称谓，最重要的是在企业的职位体系中对这些不同的称谓进行严格的定义和区分，为人力资源管理的各方面工作提供一个准确的、可操作的职位平台。

按职位职能标准进行绩效管理的前提就是在企业中建立健全这样一个明确的职位系列。在分层分类评价时，不一定要严格按照这个职位系列来进行。通常，我们会对比较复杂的职位系列进行一定的合并。分层评价的层次究竟应该如何确定并没有明确的规定，具体的分类方式应该根据企业规模，特别是管理幅度和管理层级来确定。

3.绩效指标的权重设计

绩效指标的权重是指在衡量绩效目标的达成情况过程中，各项指标的相对重要程度。在设计绩效指标体系过程中，不同的指标权重对员工行为具有牵引作用，确定各项指标的权重是一项非常重要的工作，也是一项具有较高技术要求的工作。决定绩效指标权重的因素很多，其中最主要的因素包括以下三类：

首先，绩效评价的目的是影响指标权重最重要的因素。前面曾谈到，以绩效评价为核心环节的绩效管理是人力资源管理职能系统的核心模块。因此，绩效评价的结果往往运用于不同的人力资源管理目的。显然，针对不同的评价目的，应该对绩效评价中各个评价指标赋予不同的权重。但是，关于权重的这种规定并不需要明确到每个绩效指标。通常的做法是，将绩效指标分为工作业绩指标和工作态度指标这两个大类（也就是通常所说的两个评价维度），然后根据不同的评价目的，规定这两个评价维度分别占多大的比重。

其次，评价对象的特征决定了某个评价指标对该对象整体工作绩效的影响程度。例如，责任感是评价员工工作态度时常用的一个指标。但是，对不同种类的员工来说，责任感这一评价指标的重要程度各不相同。对保安人员来说，责任感可能是工作态度指标中权重最大的指标。而对其他类型的员工，责任感的权重可能就不那么大。

最后，组织文化倡导的行为或特征也会反映在绩效评价指标的选择和权重上。例如，以客户为中心的文化较为重视运营绩效和短期绩效，而创新型文化更为关注战略绩效和长期绩效。因此，在指标选择和权重分配上两者会各有侧重。

在综合分析指标权重的影响因素之后，就需要对每个绩效指标设定相应的权重系数。通常情况下，指标权重设定工作是在统筹考虑各种影响因素的基础上，采用科学的设计方法设计具体的权重系数。

4.确定指标权重的方法

通常来说，加权的方法有以下几种：

（1）经验法。即依靠历史数据和专家的主观判断进行权重分配。

（2）权值因子判断法。是通过对各个项目进行一对一对比、赋分的过程。具体分为以下几个步骤：

第一步：将所有考核项目以表8-2的形式列出。

表8-2 考核项目及评分

| 序号 | 评估指标 | 评估指标 ||||||  评分值 |
|---|---|---|---|---|---|---|---|---|
| | | 指标1 | 指标2 | 指标3 | 指标4 | 指标5 | 指标6 | |
| 1 | 指标1 | | | | | | | |
| 2 | 指标2 | | | | | | | |
| 3 | 指标3 | | | | | | | |
| 4 | 指标4 | | | | | | | |
| 5 | 指标5 | | | | | | | |
| 6 | 指标6 | | | | | | | |

第二步：确定两项目相比较时的分值差额。

如：A 和 B 相比时，A 显得非常重要：4 分；比较重要：3 分；同样重要：2 分；不太重要：1 分；很不重要：0 分。除了相同的两个外，任何两个都要比较。

第三步：进行对比打分。

如表 8-3 所示，进行依次比较并打分。

表 8-3 对考核项目依次比较和打分

| 序号 | 评估指标 | 评估指标 | | | | | | 评分值 |
|---|---|---|---|---|---|---|---|---|
| | | 指标1 | 指标2 | 指标3 | 指标4 | 指标5 | 指标6 | |
| 1 | 指标1 | — | 4 | 4 | 3 | 3 | 2 | 16 |
| 2 | 指标2 | 1 | — | 3 | 2 | 4 | 3 | 13 |
| 3 | 指标3 | 0 | 1 | — | 1 | 2 | 2 | 6 |
| 4 | 指标4 | 1 | 2 | 3 | — | 3 | 3 | 12 |
| 5 | 指标5 | 1 | 0 | 2 | 1 | — | 2 | 6 |
| 6 | 指标6 | 2 | 1 | 2 | 1 | 1 | — | 7 |

第四步：求出平均分和权重。

在所有人对所有项目进行了比较并打分之后，按照表 8-4 所示分别计算出评分总计、平均评分、权重，并对权重进行调整。

权重 = 该项平均评分 /60。

表 8-4 评分和权重计算

| 序号 | 评估指标 | 评分人 | | | | | | | | 评分总计 | 平均评分 | 权重 | 调整后权重 |
|---|---|---|---|---|---|---|---|---|---|---|---|---|---|
| | | 1 | 2 | 3 | 4 | 5 | 6 | 7 | 8 | | | | |
| 1 | 指标1 | 15 | 14 | 16 | 14 | 16 | 16 | 15 | 16 | 122 | 15.25 | 0.25417 | 0.25 |
| 2 | 指标2 | 16 | 8 | 10 | 12 | 12 | 12 | 11 | 8 | 89 | 11.125 | 0.18542 | 0.20 |
| 3 | 指标3 | 8 | 6 | 5 | 5 | 6 | 7 | 9 | 8 | 54 | 6.75 | 0.11250 | 0.10 |
| 4 | 指标4 | 8 | 10 | 10 | 12 | 12 | 11 | 12 | 8 | 83 | 10.375 | 0.17292 | 0.20 |
| 5 | 指标5 | 5 | 6 | 7 | 7 | 6 | 5 | 5 | 8 | 49 | 6.125 | 0.10208 | 0.10 |
| 6 | 指标6 | 8 | 16 | 12 | 10 | 8 | 9 | 8 | 12 | 83 | 10.375 | 0.17292 | 0.15 |
| 合计 | | 60 | 60 | 60 | 60 | 60 | 60 | 60 | 60 | 480 | 60 | 1.00001 | 1.00 |

值得注意的是，权值因子判断法仍然是人凭感觉对比打分。这样仍然会出现不同的人因为对每个项目的了解情况不一样，在对两个项目比较的时候，他给的评判标准也是不一样的。那么如何使他们打出来的总分更符合客观现实呢？

具体可以这样做：

第一，成立一个评估小组，由评估小组来为项目评分。

第二，为了防止由于不同的人对岗位认识的不同而出现打分不同，造成打分不客观的情况，可以通过给每一个人的打分加权重的方式平衡。比如说评估人为 5 个，本岗位的上司因为他比较了解该岗位，他的权重为40%，然后对其他人的打分也赋予相应的权重，这样就保证了相对的准确性。

5. 分配权重时应注意的事项

分配绩效考评权重时：第一，权重应该根据实际情况的变化而变化，要考虑企业在不同阶段的发展重点。我们知道，市场的季节性、竞争要素的变化性、资源供给的变化性等都会影响企业的经营状况，员工和部门的业绩也会不可避免地受到影响。作为业绩评估系统，绩效考核应该体现外界环境的变化，而这主要体现在考核项目权重的变化上。此外，绩效考核目标也应该是渐进式的，不同的阶段绩效考评的权重应该有所不同。因此，考核项目的权重应该体现外界环境变化的要求，做出相应的调整。

第二，权重应引导被考核者重视自己的短处，达到绩效改进的目的。考核一方面是为了检验计划的完成情况，另一方面是为了发现存在的问题，并通过考核来解决这些问题，使绩效不断地得到提高。作为考核中的一个关键要素，权重应该起到引导被考核者重视自己短处、改进绩效的作用。

# 第三节　制订绩效计划

制订绩效计划分为绩效计划的准备、绩效计划的制订、绩效协议的审核和签订三个步骤。

## 一、绩效计划的准备

绩效计划的制订是一个管理者和下属双向沟通的过程。绩效计划的准备阶段的主要工作是交流信息和动员员工，使各层次的绩效计划为实现组织的战略目标服务。绩效计划的准备工作主要包括组织信息、部门信息、个人信息以及绩效沟通四个方面的准备。

### （一）组织信息的准备

充分的组织信息的准备是战略绩效管理成功实施的重要保障，其核心就是让组织内部所有人员熟悉组织的使命、核心价值观、愿景和战略，使其日常行为与组织战略保持一致。组织信息的相关内容一旦确定，就需要及时传递给所有成员。传递这些信息的方式很多，除组织专门的培训之外，还可以通过每年的总结大会，部门或业务单元的传达会，高层领导的走访，或者通过各种文件、通知、组织的内部网以及内部刊物等。

### （二）部门信息的准备

部门绩效信息主要是指制订部门绩效计划所必需的各种信息。第一，需要准备部门战略规划相关材料。部门战略要反映组织的使命、核心价值观和愿景，对组织的战略有直接的支撑作用，与组织文化保持一致。第二，需要准备部门职责相关材料。尽管部门职责所规定的很多事项都不是战略性的，却是部门执行战略所必需的，各部门在制订计划的时候也必须考虑这些因素。第三，需要准备部门上一绩效周期的绩效情况。绩效计划的制订是一个连续的循环过程，新绩效周期的计划都是在已有的上一绩效周期完成情况基础上制订的。第四，需要准备部门人力资源配置的基本情况。在制订部门绩效计划的时候，就应该考虑到部门的分工，以便为每一个绩效目标的达成做好准备。

### （三）个人信息的准备

除了组织信息和部门信息之外，绩效计划的制订对个人信息的准备也有很高的要求。个人信息的准备主要包括所任职位的工作分析和前一周期的绩效反馈。工作分析用于说明为达成某一工作的预期绩效所需要的行动要求。从工作分析入手，可以使员工更好地了解自己所在的职位，明确自身职位在组织职位系统中的地位和作用，并把职位与部门目标和个人目标联系在一起。新绩效周期开始时，环境和目标可能改变，个人的职位要求也可能调整，需要重新思考和定位。并且旧的职位说明书很可能已经过时，管理者需要将最新的要求和信息准确地传递给员工。

### （四）绩效沟通

上一绩效周期的反馈也是很重要的信息，虽然在绩效周期结束时已经有过反馈。但是，在制订新的绩效计划的时候，还需要再次明确上一绩效周期绩效完成的情况，管理者必须对高绩效员工给予肯定，对造成绩效不佳的原因进行深入分析，提出绩效改进的建议并协助制订绩效改进的方法，从而使其不断提高工作绩效。

## 二、绩效计划制订的组成要素

制订绩效计划时，需要管理者和员工之间进行充分沟通，明确关键绩效指标、工作目标及相应的权重，参照过去的绩效表现及组织当年的业务目标设定每个关键绩效指标，并以此作为被评价者浮动薪酬、奖惩、升迁的依据。同时，还应帮助员工设计能力发展计划，以保证顺利地实现员工的绩效目标。

在绩效计划的制订中，主要有以下几种组成要素：

1. 被评价者信息

通过填写职位、工号及级别，可将绩效计划及评价表格与薪酬职级直接挂钩，有利于了解被评价者在组织中的相对职级及对应的薪酬结构,有利于建立一体化的人力资源管理体系。

2. 评价者信息

提供评价者信息为了了解被评价者的直接负责人和管理部门。通常,评价者是按业务管理权限来确定的,常常为上一级正职或由正职授权的副职。

3. 关键职责

关键职责是设定绩效计划及评价内容的基本依据,是提供查阅、调整绩效计划及评价内容的基本参照信息。

4. 绩效计划及评价内容

绩效计划及评价内容包括关键绩效指标与工作目标完成效果评价两大部分,用以全面衡量被评价者的重要工作成果,是绩效计划及评价表格的主体。

5. 权重

应列出按照绩效计划及评价内容划分的大体权重,以体现工作的可衡量性及对组织整体绩效的影响程度。

6. 指标值的设定

应对关键绩效指标设定目标值和挑战值,从而确定指标实际完成情况与指标所得绩效分值的对应关系。对工作目标设定的完成效果的评价,主要按照工作目标设定中设置的评价标准及时间进行判定。

7. 绩效评价周期

绩效计划及评价表格原则上以年度为周期。但是,对销售人员、市场人员等,则既可以根据其职务和应完成的工作目标等具体工作特点设定相应指标,又可以以月度或季度为评价周期设定相应指标。

8. 能力发展计划

制订能力发展计划应以具体技能知识为方式,将组织对个人能力的要求落实到人,让员工明确了解为实现绩效指标需要发展什么样的能力等,从而实现组织和员工的持续成长与发展。

## 三、大数据背景下企业绩效管理改进措施

依托大数据信息化技术建立的绩效管理系统,完善绩效管理指标、创新绩效管理方法、强化绩效管理环节,可以使企业绩效管理更加灵活、全面、高效。

### (一)企业管理者应当树立正确的绩效管理观

新时期,企业进行绩效管理应当将重心放在激发员工工作潜力与价值创造上,而

不仅仅是监督员工按时完成任务。因此，企业管理者应当树立正确的绩效管理观。第一，完善企业绩效管理制度，从制度层面保障绩效管理系统的公平性和透明性，同时加深员工对企业绩效管理工作的认识。第二，管理者应当根据企业发展战略，建立全面的、灵活的绩效管理指标，既可以体现员工短期的工作完成情况，又可以鼓励员工通过工作、学习提高自己，更好地为企业服务。第三，企业应当重视绩效管理的各个环节，不仅要制订合理的绩效计划，还要在工作中加强与员工的沟通，辅助其解决绩效执行过程中的问题；不仅要对绩效结果进行公正的考核评价与透明的量化，还要针对员工绩效达成过程中出现的困难进行培训与指导，进而在下一期达到更高的绩效目标。

### （二）企业应当创新绩效管理方法

企业应当借助大数据信息化技术，创新绩效管理方法。首先，企业可以引进平衡计分卡这一先进的绩效管理方法，从财务、内部业务流程、顾客、员工成长与提高四个维度设定指标。此方法既包括可用数据直接量化的财务指标，如销售量、利润率等，又包括需要员工之间或管理者进行打分的非财务指标包括员工的团队协作能力、价值观体现等；既可以通过财务、内部业务流程、顾客维度评价员工的工作情况，又可以通过员工学习与成长维度评价员工的自我提高程度。每个部门可以根据自己的工作特性，从四个维度中自行选择指标进行考核评价。其次，企业应当保证绩效管理的可行性、客观性，保证绩效结果的透明性、时效性，对绩效考核中表现优异的员工进行精神与物质奖励，对绩效考核中未达到要求的员工，各级管理者需及时与其沟通、指导，必要时对员工进行培训。

### （三）企业应当加快大数据信息化系统的建设

全面、灵活、高效的绩效管理系统必须依托大数据信息化技术。首先，企业应当加快数据库的建设。一方面，企业的绩效考核指标涉及企业管理的方方面面，而且各级各部门的绩效考核指标不尽相同，在数据量庞大的情况下，必须依托大数据信息化系统，对数据进行高效地存储、分类、建模、计算；另一方面，利用大数据信息化系统可以使数据以可视化的方式高效地呈现，管理层可以及时获取员工的绩效完成情况。这样做不仅可以加强对各环节的内部控制与风险管理，还可以加强管理层与员工的交流沟通，减少协商成本。其次，企业应当组织培训信息部门为数据库的安全性和稳定性负责，有效降低运营风险、操作风险。最后，企业应当重视对员工的培训，提高大数据信息化系统的利用程度，学习必要的操作流程，提高绩效管理工作数据的准确性与时效性，使数据更具有参考价值。

# 结　语

　　企业的发展离不开管理工作，企业管理中重要的部分就是人力资源管理。在人力资源管理工作中，企业要摒弃传统的、落后的管理思路，在过去的失败案例中吸取经验，多向国内外具有先进管理制度的企业学习，找准自身的不足，用崭新的形式去弥补不足，同时加快企业人力资源管理思路和形式的改革，为企业日后的发展做好人力资源方面的储备，更好地实现企业的现代化管理。

　　企业要想在竞争中立足，就必须与时俱进，人力资源管理的优劣是决定企业能否在竞争中取得胜利的关键，人才已成为企业确立竞争的优势，是把握发展机遇的关键。企业要想取得市场竞争优势，必须不断调整企业的人力资源管理目标，必须充分认识到加强人力资源管理的重要性，以高效、灵活的人力资源管理策略，适应新形势下企业的发展需求，推动企业又好又快的发展。

　　综上所述，在企业发展中，人力资源管理作为重要管理方式，在企业中发挥着重要作用。然而，企业对人力资源管理认识不足，企业员工素质无法保障，人才流失严重，企业对人才与人力资源理解不透彻，严重影响了人力资源的效用发挥，抑制了企业的可持续发展。对此，企业要想在今天的市场经济中赢得竞争优势，获得最佳的发展，就必须解决人力资源管理过程中一些潜在的问题，重视人力资源，深入开发人力资源，创建人力资源管理机制，制定良好的人才管理机制，提高人力资源管理策略，增强企业效益，从而推动企业的可持续发展。

# 参考文献

[1] 张超. 企业人力资源绩效管理体系的构建 [J]. 中国集体经济，2021(34):130-131.

[2] 成娟娟. 关于企业人力资源绩效管理体系的构建路径试析 [J]. 投资与创业，2021，32(17):175-176；179.

[3] 戚冬冬. 高校人力资源绩效管理体系建设问题与对策初探 [J]. 中国管理信息化，2021，24(17):156-158.

[4] 黄辰，安力. 基于 BSC- 物元模型的人力资源绩效管理体系研究 [J]. 中国管理信息化，2021，24(15):135-138.

[5] 卢新艳，孙月梅，李晓霞，等. 区块链视域下物流企业人力资源绩效管理体系的构建 [J]. 中国储运，2021(05):174-175.

[6] 韩伟. 人力资源绩效管理体系的构建研究 [J]. 财经界，2021(13):197-198.

[7] 盖宇欣. 构建企事业单位人力资源绩效管理体系的策略探讨 [J]. 财经界，2021(07):169-170.

[8] 王心欣. 大数据时代企业人力资源绩效管理体系的构建探讨 [J]. 时代金融，2020(32):97-99.

[9] 罗辉. 基于企业人力资源中构建绩效管理体系的研究 [J]. 商展经济，2020(04):96-98.

[10] 吴尉. 人力资源服务公司基层员工绩效管理体系改进研究 [D]. 西南大学，2020.

[11] 李睿. 人力资源绩效管理体系的构建探讨 [J]. 时代金融，2019(31):95-96.

[12] 陈婷. 如何构建企业人力资源绩效管理体系 [J]. 财经界，2019(29):256.

[13] 赵辉. 高校人力资源绩效管理体系的构建探讨 [J]. 智库时代，2019(34):68-69.

[14] 张芊雪. 人力资源绩效管理体系构建：胜任力模型视角 [J]. 中国集体经济，2019(01):118-119.

[15] 苏娜娜. 基于胜任力模型的人力资源绩效管理体系研究 [J]. 商场现代化，2018(12):56-57.

[16] 迟宏巍. 浅谈新时期下企业人力资源绩效管理体系的构建 [J]. 现代国企研究，2018(02):45；61.

[17] 李宏玲. 企业人力资源绩效管理体系研究 [J]. 商场现代化，2017(22):69-70.

[18] 刘艳萍. 试析基于胜任力的人力资源绩效管理体系构建 [J]. 山西农经，2017(11):117.

[19] 于晓鹤. 基于胜任力模型的人力资源绩效管理体系的建立 [J]. 现代营销 ( 下旬刊 )，2016(11):85.

[20] 黄文韬. 人力资源绩效管理体系构建：胜任力模型视角 [J]. 管理观察，2016(33):32-33；36.

[21] 林忠，金延平. 人力资源管理第 5 版 [M]. 沈阳：东北财经大学出版社 .2018.

[22] 汤姆·雷德曼，阿德里安·威尔金森. 当代人力资源管理 [M]. 聂婷等，译. 沈阳：东北财经大学出版社 .2018.

[23] 滕玉成，于萍. 公共部门人力资源管理 [M]. 上海：复旦大学出版社 .2018.

[24] 奚昕，谢方. 人力资源管理第 2 版 [M]. 合肥：安徽大学出版社 .2018.

[25] 林新奇. 国际人力资源管理第 3 版 [M]. 上海：复旦大学出版社 .2017.

[26] 林新奇. 绩效管理 [M]. 沈阳：东北财经大学出版社 .2016.

[27] 李志刚. 酒店人力资源管理 [M]. 重庆：重庆大学出版社 .2016.

[28] 周艳丽，谢启，丁功慈. 企业管理与人力资源战略研究 [M]. 长春：吉林人民出版社 .2019.

[29] 刘晓宁，赵路. 人力资源管理心理学 [M]. 北京:对外经济贸易大学出版社 .2015.

[30] 张健东，钱坤，谷力群，等. 人力资源管理理论与实务 [M]. 北京：中国纺织出版社 .2018.